切りっぱなし＆ねじねじで絶品

ゆるっと

本格パン

藤井玲子

はじめに

「これまで考えたレシピの中で、いちばんのお気に入りは?」と聞かれることがよくあります。
毎回苦労して生み出すレシピそれぞれに思い入れがありますが、
実は、自分で食べたくて焼くのは、簡単に作れて、飽きのこないシンプルな味わいのパンばかり。

そんな私がくり返し作っているパンの中に「リュスティック」というパンがあります。
高加水の生地を、ゆっくりと繋げたら、成形はたたんだり、ねじったりするだけのハードパン。
フランスパンなどの高度な技術を要するパンに比べて、
おおらかな気持ちで作れるところが気に入っています。

これをパン作り初心者さんでも気軽に楽しんでもらえるレシピにしたいという思いで考えたのが、
本書のメインとなる「切りっぱなし」と「ねじねじ」です。

パン屋さんのような高加水・長時間発酵の本格ハードパンに比べたら、
水分量はそこまで多くなく、発酵時間も短いのですが、
その分生地は扱いやすく、「食べたい!」と思ったらすぐに作れるのが特徴。
ボウルの中で材料を混ぜ合わせたら、こねずに生地を仕込んで、発酵へ。
発酵は、生地が2倍にふくらむまで室温においておけばよいので、発酵器がなくても大丈夫。
成形だって、少し不揃いなくらいが味わい深く、愛らしいのがよいところ。
とにかく気負わずに作れるのです。

手軽に作れるからといって、味に妥協はしていません。
外はパリッと中はもっちり、かむごとに小麦の風味を味わえる、自慢のレシピばかりです。
本書でご紹介しているポイントをおさえれば、
誰だって立派なおうちハードパン（私はセミハードパンとも呼んでいます）が焼けちゃいます。
基本の配合はとてもシンプルなので、慣れてしまえばレシピを見なくても作れるようになりますよ。
そして本の後半では、ベースの生地をアレンジすることで、かわいらしい食パンや、
おなじみの惣菜パン・菓子パンにも変身します。ぜひチャレンジしてみてくださいね。

手作りの醍醐味は、できたてがおいしい、
まわりの人に喜ばれる……ということだけではありません。
「次はどのパンを作ろうかな」と思いを巡らせたり、
変化する生地を育てるような気持ちで見守る楽しさも、作る人にしか味わえない特権です。
そんな時間もまるっと含めて、パン作りを楽しんでください。

この本が、みなさんにとって、パン作りの世界が広がるきっかけのひとつになれば幸いです。

藤井 玲子

contents

Part1
16 切りっぱなし

Part2
40 ねじねじ

Part3
64 ねじねじ食パン

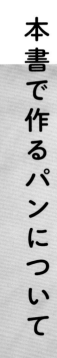

こだわり1

本格セミハードパンを
おうちで

パンには大きく分けて、やわらかくて甘みのあるソフト系と、パリッと香ばしいハード系があります。本書で作るのはソフト系とハード系の中間、「セミハードパン」です。パン屋さんに並んでいるような本格的なハードパンをおうちで再現するのは難しいのですが、本書では、初心者でも失敗なしで、手軽に作れるセミハードパンのレシピを考えました。少ない材料とシンプルな工程で、小麦の風味を味わえるパンをおうちで作りましょう。

こだわり2

生地はこねずに
ワンボウルで完成

本書で作るパンは、生地を作業台に出してこねる必要はありません。ボウルの中で材料を混ぜ、こねる代わりに「パンチ」という生地を折りたたむ作業を数回くり返すだけ。生地の仕込みはボウルの中で完結するので、広いスペースも必要なく、作業時間もググっと短縮。手軽にパン作りが楽しめます。

こだわり**3**

切りっぱなし、
ねじねじで成形の失敗なし

ハード系のパン特有の「外はパリッと、中はもっちり」な食感を出すには、発酵後できるだけ生地にダメージを与えず成形するのがポイントです。そこで本書では、発酵時に四角い保存容器を使うことで、形を整える手間を省き、あとはたたんで切るだけ、またはねじるだけという、最小限の手数で成形するレシピにしました。だれでも失敗なしで格好いいパンが焼けます。

こだわり**4**

基本の生地でさまざまに
アレンジ

本書で紹介しているパンの生地は、基本的にみな同じ作り方です。ひとつの生地でも材料の配分やパンチの入れ方、発酵回数を変えるだけで、さまざまな種類のパンが作れます。たくさん作って基本の作り方を覚え、いろいろなパンに挑戦してみてください。

本書のパン作りで使う基本の道具を紹介します。
普段の料理やお菓子作りにも使う身近な道具ばかりです。

道具について

a
デジタルスケール

材料の計量や、Part4で生地を均等に分割する際に使用。おうちでのパン作りは使用する材料が少量なので、0.1グラム単位で計量できるものがおすすめ。水や牛乳などの水分も計量カップではなく、重さで量ると正確です。

b
ゴムベラ

生地を仕込むとき、材料を混ぜ合わせるのに使用。フィリング作りでも使うので、耐熱でほどよくしなるものが1本あると便利です。

c
ボウル

生地の仕込みに使用。本書で使用しているのは直径21cm。大きめのものが使いやすいです。泡立て器は粉類を混ぜるときに使用。

d
プラ密閉容器

粉類を混ぜたり、生地を発酵させるときに使用。透明で正方形のものがおすすめ。本書で使用しているのは1100㎖サイズ。

e
布巾

成形後に生地を休ませるときや、二次発酵のとき、乾燥を防ぐために生地にかぶせます。綿製で薄く、毛羽立ちが少ないものがおすすめ。

f
クープナイフ・茶こし

クープナイフは生地に切り込みを入れるときに使用。刃渡りの大きい包丁では失敗しやすいので、用意しておくと便利です。茶こしは仕上げの粉をふるときに使用。

g
カード

生地を集めたり、分割したりするのに使用。ベタつく生地でもきれいにはがすことができます。生地の移動もなるべくカードを使うようにしましょう。

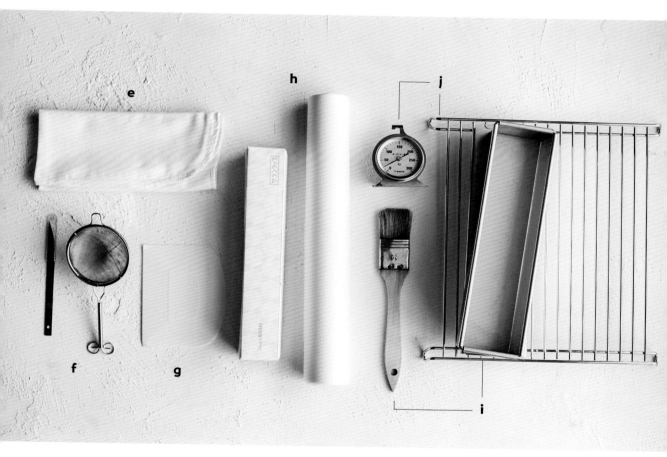

h
ラップ・ベーキングシート

ラップは生地を休ませるときにボウルにかけます。ベーキングシートはオーブンの天板に敷きます。

i
スリム食パン型・ハケ

スリム食パン型（6×6×25cm蓋付）はPart3の「ねじねじ食パン」を作るときに使用。ハケは型の内側にバターを塗るとき（Part3）、焼く前にオリーブオイルなどを塗るとき（Part4）に使用。

j
ケーキクーラー・オーブン温度計

ケーキクーラーは焼き上がったパンの粗熱をとるときに使用。オーブンの焼き温度を正確に知りたいときはオーブン温度計があると便利です。

本書のパン生地作りで使用している材料を紹介します。
粉類は製菓材料店や通販サイトで購入できます。

a
小麦粉（準強力粉・全粒粉）
準強力粉は「リスドォル」を使用。
風味が豊かで、ハード系から惣菜・
菓子パンまで幅広く使えるバラン
スのいい粉です。全粒粉はPart2
の「ねじねじ」で使用。

［保存方法］
密閉容器に入れ、直射日光や高温多湿を避け
た涼しい場所で保管。全粒粉は酸化しやすい
ので冷蔵冷凍保存でもOK。その場合、出し入
れの際に結露が発生するとカビの原因になる
ので、長時間室温に置かないようにしましょう。
少量をこまめに購入するのがおすすめ。

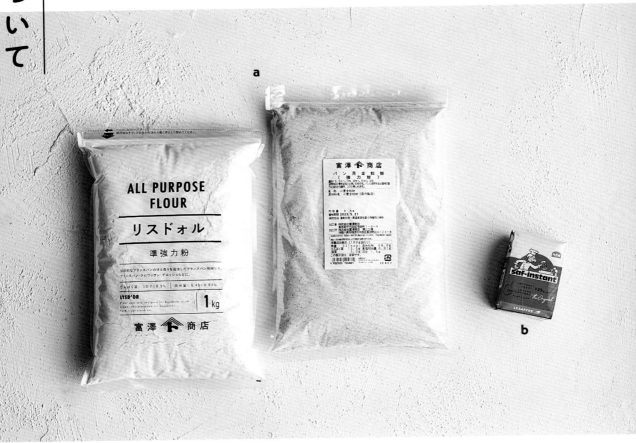

b
インスタント
ドライイースト
本書では、予備発酵不要で粉に直
接混ぜて使えるインスタントドラ
イイーストを使用。イーストによる
発酵で生地がふくらみ、パン特有
の香り、風味が生まれます。

［保存方法］
未開封なら常温保存で大丈夫ですが、開封後
は密閉容器に入れ必ず冷蔵保存しましょう。開
封後の保存期間が長くなると発酵力が落ちる
こともあるので、使用頻度が少ない場合は、数
グラムずつ小分けにされているものを購入す
るとよいです。

c
塩

パンの味わいを決めるのに欠かせ
ない材料です。生地の引き締めや、
発酵の速度調整といった効果も。
本書では味に深みのある「ゲランド
の塩」を使用。水に溶けやすい微粒
タイプがおすすめです。

d
はちみつ

パンに甘みが出るのはもちろん、
しっとりと仕上げてくれる効果も。
きれいな焼き色をつけることもで
きます。

e
バター

本書ではすべて無塩バターを使用。
生地に混ぜ風味をつけたり、クー
プの上にのせたりします。

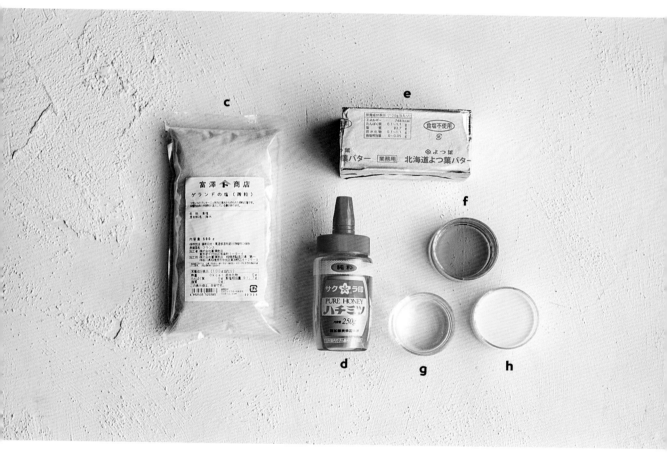

f
オリーブオイル

主に塩系のパンで、バターの代わ
りの油分として使用します。

g
水（仕込み水）

パン作りの必須材料。水道水でOK
です。計量の際は、計量カップより
デジタルスケールで重さを量った
ほうが正確に用意できます。水温
は発酵速度に影響するので、季節
によって調整しましょう。
※水温調整についてはp.12参照。

h
牛乳

まろやかな風味を出したいパンに
は、水の代わりに牛乳を使用しま
す。本書では主にPart3の「ねじね
じ食パン」で使用。

本書に出てくるパン作りの工程の意味やちょっとしたポイントを説明します。
知っているとパン作りがよりスムーズに。

パンチ

本書では生地を作る際に、ボウルの中で、生地を伸ばして折りたたむ「パンチ」という作業を何度か行います。扱いにくい水分が多めの生地でも、作業台の上に出してゴシゴシとこねずにすむので、初心者の方にもぴったりの製法です。この製法を取り入れて作ったパンは、ふかふかでキメの細かい仕上がりではなく、所々に不揃いの気泡が残り、歯切れのよい食感に仕上がります。 パンチを入れて生地を休ませるごとに、生地の感触が変わっていく様子も感じてみてくださいね。

発酵

本書は発酵器をお持ちでない方でもパン作りを楽しめるよう、室温で発酵をします。発酵は温度が高いと早く進み、低いと速度が落ちるため、季節や仕込み水の温度で発酵速度が変化しますが、最低60分以上かけ、生地を2倍の大きさに発酵させることを目安としましょう。所要時間は下記を参考にしてください（あくまでも目安です）。なお、大きさは大体2倍になれば大丈夫。神経質になりすぎず、まずは楽しんで作ってみましょう。

● 春・秋で室温25℃前後の場合、30℃ほどのぬるま湯で仕込むと60分前後で生地は2倍に。時間に余裕があれば、水道から出た温度（20〜25℃）で仕込んでもOK。90分前後で発酵が終了するでしょう。

● 冬で室温20℃の場合、30〜35℃のぬるま湯で仕込むと90分前後で2倍に。もっと寒いと120分ほどかかることも。オーブンレンジの発酵機能で30℃ほどの環境を作れれば、60分前後で発酵が終了します。

● 夏は気温が高く、発酵が早く進みすぎることがあるため、10℃以下の冷たい水で仕込み、発酵速度を調整してみてください。

休ませ時間

Part1・2では、成形後の生地を15分ほど休ませてから焼きます。これは、成形時に抜けてしまったガスを復活させるほか、たたんだり、ねじったりした生地に、形を定着させるための時間です。Part4では、一次発酵後に分割した生地をまるめて休ませます（ベンチタイム）。これは、分割したことで緊張している生地を緩め、次の作業である「成形」で生地の伸びをよくする効果があります。生地を適度に休ませて、負担がかからないように作業することもおいしいパンを作るコツのひとつです。

焼く

しっかりと予熱したオーブンで焼くのがポイントです。家庭用オーブンは、温度が上がりにくいことがあるので、パワーが弱いオーブンの場合は、表記している温度より10〜20℃ほど高く設定して予熱を入れ、焼き始めてから温度を230℃に落とすのがおすすめです。うまく焼けないと感じるときは、オーブン温度計を使用し庫内の温度を確認してみましょう。

食べごろ

パンをいちばんおいしく食べられるタイミングは「焼きたての冷めたて」です。焼きたて熱々のパンは、まだ内部に水分がこもっている状態で、食感もよくありません。それがしっかり冷めたころになると、カットもきれいにでき、外はパリッと中はしっとりのいい食感になります。全体の風味も落ち着いて、焼きたてよりもパンの味わいをしっかり楽しめるようになります。大体30分後くらいからカットできますが、まだ中心部が温かい場合があるので、60分ほどしっかりと冷ますのがおすすめ。Part3の「ねじねじ食パン」は90分ほどかけて中心部が冷めるまでしっかり待ちましょう。

本書の使い方

本書では Part ごとに作るパンの形が異なります。
どの Part から作っていただいても大丈夫ですが、パン作りがはじめての方は、
もっとも基本的なパンとなる Part1 からはじめるのがおすすめです。

おすすめの進め方

はじめに作りたい

切りっぱなしプレーン
p.16

使う材料や道具、作業工程も少なく、
もっともシンプルなレシピで作れるパンです。

ねじねじプレーン
p.40

成形に少し手を加え、ねじって完成させる
ユニークな形のパン。全粒粉配合で香ばしく仕上げます。

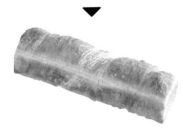

ねじねじ食パンプレーン
p.64

Part2の「ねじねじ」を少し発展させて、
スリム食パン型を使った、かわいい食パンを作ります。

応用編

まるめる　　**のせる**　　**つつむ**

Part4のパンは、まるめる、のせる、つつむという成形が必要なパン。少し手間
はかかるけれど、具材を楽しめる多種多様なパンが作れます。Part1〜3のパン
作りに慣れたら、挑戦してみてください。

本書の見方

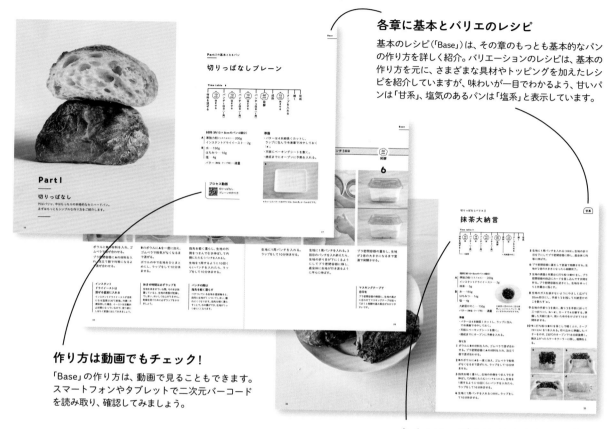

各章に基本とバリエのレシピ

基本のレシピ（「Base」）は、その章のもっとも基本的なパンの作り方を詳しく紹介。バリエーションのレシピは、基本の作り方を元に、さまざまな具材やトッピングを加えたレシピを紹介していますが、味わいが一目でわかるよう、甘いパンは「甘系」、塩気のあるパンは「塩系」と表示しています。

作り方は動画でもチェック！

「Base」の作り方は、動画で見ることもできます。スマートフォンやタブレットで二次元バーコードを読み取り、確認してみましょう。

タイムテーブルはすべてのレシピに

ここを見れば、プロセスの流れがひと目でわかります。慣れてくれば、ここだけ確認すれば作れるようになりますよ。

レシピについて

- 大さじ1は15㎖、小さじ1は5㎖です。
- 打ち粉は、準強力粉「リスドォル」を使用しています。
- 野菜を洗う、皮やヘタをとり除くなど、基本的な下処理の工程を省いている場合があります。
- パン生地の発酵時間は、室温25℃、水温30℃の場合の目安を表示しています。
- オーブンは焼く前に必ず予熱してください。
- オーブンは電気オーブンを使用。温度や焼き時間は機種によって多少差があるので、レシピの温度、時間を目安に様子をみながら加減してください。
- オーブンからとり出すときは耐熱ミトンを使い、火傷に注意してください。
- 電子レンジの加熱時間は、600Wの電子レンジを使用した場合のものを紹介しています。
  500Wの場合は1.2倍、700Wの場合は0.8倍を目安に加減してください。

Part1

切りっぱなし

外はパリッ、中はもっちりの本格的なセミハードパン。
まずはもっともシンプルな作り方をご紹介します。

Part1の基本となるパン

切りっぱなしプレーン

Time table ▶

材料を混ぜる → ⏱10min 休ませる → パンチ1回目（1周） → ⏱10min 休ませる → パンチ2回目（1周） → ⏱10min 休ませる → パンチ3回目（1周） → ⏱60min 発酵 → 成形 → ⏱15min 休ませる → クープを入れる → 焼く → 完成

材料（約10×8cmのパン4個分）

A 準強力粉（リスドォル）……200g
インスタントドライイースト……2g

B 水……150g
はちみつ……10g
塩……4g

バター（無塩・クープ用）…適量

準備

・バターは4本細長くカットし、ラップに包んで冷凍庫で冷やしておく［**a**］。

・天板にベーキングシートを敷く。

・焼成までにオーブンに予熱を入れる。

a

＊カットしたバター1本のサイズは、5mm角、6〜7cmほどです。

プロセス動画

 切りっぱなし
プレーンの作り方

作り方

材料を混ぜる	10 min	パンチ1回目

休ませる

1

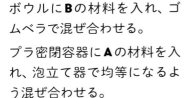

ボウルに**B**の材料を入れ、ゴムベラで混ぜ合わせる。

プラ密閉容器に**A**の材料を入れ、泡立て器で均等になるよう混ぜ合わせる。

2

Bのボウルに**A**を一度に加え、ゴムベラで粉気がなくなるまで混ぜる。

ボウルの中で生地をひとまとめにし、ラップをして10分休ませる。

3

指先を軽く濡らし、生地の外側をつまんで引き伸ばして内側にたたむ（パンチを入れる）。

生地を1周するように10回くらいパンチを入れたら、ラップをして10分休ませる。

| 休ませ時間は必ずラップを

生地を休ませている間、そのまま放置していると、生地の表面が乾燥してしまい、おいしく仕上がりません。乾燥を防ぐために必ずラップをかけましょう。

| パンチの際は
指先を軽く濡らす

ベタついている生地を直接触ると、指先に生地がくっついてしまい、離れにくくなります。指先を軽く濡らすことで、水の膜ができ、生地がくっつきにくくなります。

パンチ2回目	パンチ3回目

10 min 休ませる　10 min 休ませる　60 min 発酵

4

生地に1周パンチを入れる。ラップをして10分休ませる。

5

生地に1周パンチを入れる。3回目のパンチを入れ終えたら、生地の折り目が下にくるようにしてプラ密閉容器に移し、底全体に生地が行き渡るように平らに伸ばす。

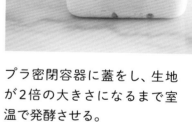

6

プラ密閉容器に蓋をし、生地が2倍の大きさになるまで室温で発酵させる。

マスキングテープで目印を
プラ密閉容器の側面に、生地の高さに合わせてマスキングテープを貼っておくと発酵の進み具合がわかりやすいです。

成形

折りたたんで

7

8

9

生地の表面と作業台に打ち粉（分量外）をし、プラ密閉容器の四辺にカードを沿わせて差し込んで、生地と容器の間にすき間を作る。

プラ密閉容器をひっくり返して生地をゆっくりと作業台に落とす。

指に打ち粉をつけたら、生地の下に手を入れ、生地のガスを抜かないようにやさしく広げ、20cm四方にする。

生地の手前1/3を奥に、奥1/3を手前に折って三つ折りにする。

なるべくガスを抜かないように慎重に

発酵後の生地を取り出す際は、生地中のガスを抜かないよう慎重に作業を。カードを差し込む際は、生地ではなく容器にカードを当てるようにすると、生地へのダメージが減ります。生地を作業台に落とす際も、生地が落ちるまで焦らず待ちましょう。

成形しづらいときは手に打ち粉を

取り出す前の生地表面と作業台に打ち粉をしますが、それでも指先に生地がついて作業しにくい場合があります。そんなときは指先にも打ち粉をすることで、生地がつきにくくなり、スムーズに成形できます。

＼ここでオーブン予熱／

| | 15 min 休ませる | クープを入れる | 焼く |

切るだけ

10

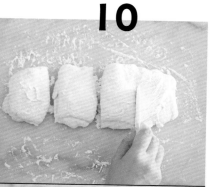

生地をカードで4分割する。カードで切ったら生地どうしはすぐ離し、準備した天板に並べる。生地の上に乾いた布巾をかぶせ15分休ませる。

11

打ち粉（分量外）を茶こしで生地の表面に軽くふり、クープ（切り込み）を1本入れる。

切り込みに準備したバターを1本のせる。

12

230℃｜18分

230℃のオーブンで18分前後焼く。焼き上がったらケーキクーラーに移し、粗熱をとる。

形は三角形にもできます

最初に真ん中を真っすぐカットし、2等分された生地を斜めにカットすれば、三角形のパンにできます。

クープは長く1本入れる

クープはいちばん長く入れられる場所を選んで入れます。切り込みにバターをのせて焼くことで、クープがきれいに開きます。

抹茶大納言

Time table ▶

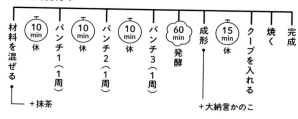

材料を混ぜる → +抹茶 → 10min 休 → パンチ1（1周）→ 10min 休 → パンチ2（1周）→ 10min 休 → パンチ3（1周）→ 60min 発酵 → 成形 +大納言かのこ → 15min 休 → クープを入れる → 焼く → 完成

材料（約10×8cmのパン4個分）

A
準強力粉（リスドォル）……200g
インスタントドライイースト……2g
抹茶……5g

B
水……155g
はちみつ……16g
塩……4g

大納言かのこ……150g
バター（無塩・クープ用）……適量

大納言小豆のかのこ豆を使用。しっとりとしていて、ほどよい甘さのものがおすすめ。

準備

・バターは4本細長くカットし、ラップに包んで冷凍庫で冷やしておく。
・天板にベーキングシートを敷く。
・焼成までにオーブンに予熱を入れる。

作り方

1 ボウルに**B**の材料を入れ、ゴムベラで混ぜ合わせる。プラ密閉容器に**A**の材料を入れ、泡立て器で混ぜ合わせる。

2 **B**のボウルに**A**を一度に加え、ゴムベラで粉気がなくなるまで混ぜたら、ラップをして10分休ませる。

3 指先を軽く濡らし、生地の外側をつまんで引き伸ばして内側にたたむ（パンチを入れる）。生地を1周するように10回くらいパンチを入れたら、ラップをして10分休ませる。

4 生地に1周パンチを入れる（2回目）。ラップをして10分休ませる。

5 生地に1周パンチを入れる（3回目）。生地の折り目を下にしてプラ密閉容器に移し、底全体に均等に伸ばす。

6 プラ密閉容器に蓋をして室温で発酵させる。生地が2倍の大きさになったら発酵完了。

7 生地の表面と作業台に打ち粉（分量外）をし、プラ密閉容器の四辺にカードを差し込んですき間を作る。プラ密閉容器を逆さにし、生地をゆっくりと作業台に落とす。

8 生地のガスを抜かないようにやさしく広げて20cm四方にし、手前1/3を残して大納言かのこを散らす［**a**］。

9 生地の手前1/3を奥に、奥1/3を手前に折って三つ折りにし［**b**〜**d**］、カードで4分割する。準備した天板に並べ、乾いた布巾をかぶせて15分休ませる。

10 9に打ち粉（分量外）を茶こしで軽くふり、クープ（切り込み）を1本入れる。切り込みに準備したバターをのせ、230℃のオーブンで18分前後焼く。焼き上がったらケーキクーラーに移し、粗熱をとる。

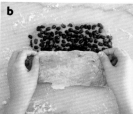

桜えびとしらす

Time table ▶

材料を混ぜる → 10 min 休 → パンチ1（1周）→ 10 min 休 → パンチ2（1周）→ 10 min 休 → パンチ3（1周）→ 60 min 発酵 → 成形 → 15 min 休 → クープを入れる → 焼く → 完成

＋桜えび、しらす干し

材料（約10×8cmのパン4個分）

A | 準強力粉（リスドォル）……200g
インスタントドライイースト……2g

B | 水……150g
はちみつ……10g
塩……4g

桜えび（乾燥）……10g
しらす干し……40g
オリーブオイル（クープ用）……適量

準備

・桜えびは粗みじん切りにする。
・天板にベーキングシートを敷く。
・焼成までにオーブンに予熱を入れる。

作り方

1 ボウルに**B**の材料を入れ、ゴムベラで混ぜ合わせる。プラ密閉容器に**A**の材料を入れ、泡立て器で混ぜ合わせる。

2 **B**のボウルに**A**を一度に加え、ゴムベラで粉気がなくなるまで混ぜたら、ラップをして10分休ませる。

3 指先を軽く濡らし、生地の外側をつまんで引き伸ばして内側にたたむ（パンチを入れる）。生地を1周するように10回くらいパンチを入れたら、ラップをして10分休ませる。

4 生地に1周パンチを入れる（2回目）。ラップをして10分休ませる。

5 生地に1周パンチを入れる（3回目）。生地の折り目を下にしてプラ密閉容器に移し、底全体に均等に伸ばす。

6 プラ密閉容器に蓋をして室温で発酵させる。生地が2倍の大きさになったら発酵完了。

7 生地の表面と作業台に打ち粉（分量外）をし、プラ密閉容器の四辺にカードを差し込んですき間を作る。プラ密閉容器を逆さにし、生地をゆっくりと作業台に落とす。

8 生地のガスを抜かないようにやさしく広げて20cm四方にし、手前1/3を残して桜えび、しらす干しの順に散らす［**a**〜**b**］。

9 生地の手前1/3を奥に、奥1/3を手前に折って三つ折りにし［**c**］、カードで4分割する。準備した天板に並べ、乾いた布巾をかぶせて15分休ませる。

10 **9**に打ち粉（分量外）を茶こしで軽くふり、クープ（切り込み）を1本入れる。切り込みにスプーンでオリーブオイルを流し［**d**］、230℃のオーブンで18分前後焼く。焼き上がったらケーキクーラーに移し、粗熱をとる。

赤ワインとベリー

Time table ▶

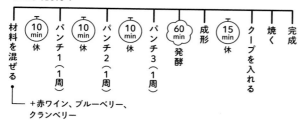

材料を混ぜる → **10 min** 休 → パンチ1（1周） → **10 min** 休 → パンチ2（1周） → **10 min** 休 → パンチ3（1周） → **60 min** 発酵 → 成形 → **15 min** 休 → クープを入れる → 焼く → 完成

┗━ ＋赤ワイン、ブルーベリー、クランベリー

材料（約10×8cmのパン4個分）

A 準強力粉（リスドォル）……200g
インスタントドライイースト……2g

B 赤ワイン……165g
水……適量
はちみつ……16g
塩……4g

ブルーベリー（ドライ）……40g
クランベリー（ドライ）……60g
バター（無塩・クープ用）……適量

準備

・ブルーベリー、クランベリーは湯通しし、ペーパーで包んで水気をふきとる。

・赤ワインは小鍋に入れて2/3くらいになるまで煮詰め、粗熱をとり、水と合わせて165gにする［**a**］。

・バターは4本細長くカットし、ラップに包んで冷凍庫で冷やしておく。

・天板にベーキングシートを敷く。

a

・焼成までにオーブンに予熱を入れる。

作り方

1 ボウルに**B**の材料を入れ、ゴムベラで混ぜ合わせる。プラ密閉容器に**A**の材料を入れ、泡立て器で混ぜ合わせる。

2 **B**のボウルに**A**、ブルーベリー、クランベリーを加え、ゴムベラで粉気がなくなるまで混ぜたら、ラップをして10分休ませる。

3 指先を軽く濡らし、生地の外側をつまんで引き伸ばして内側にたたむ（パンチを入れる）。生地を1周するように10回くらいパンチを入れたら、ラップをして10分休ませる。

4 生地に1周パンチを入れる（2回目）。ラップをして10分休ませる。

5 生地に1周パンチを入れる（3回目）。生地の折り目を下にしてプラ密閉容器に移し、底全体に均等に伸ばす。

6 プラ密閉容器に蓋をして室温で発酵させる。生地が2倍の大きさになったら発酵完了。

7 生地の表面と作業台に打ち粉（分量外）をし、プラ密閉容器の四辺にカードを差し込んですき間を作る。プラ密閉容器を逆さにし、生地をゆっくりと作業台に落とす。

8 生地のガスを抜かないようにやさしく広げて20cm四方にする。

9 生地の手前1/3を奥に、奥1/3を手前に折って三つ折りにし、カードで4分割する。準備した天板に並べ、乾いた布巾をかぶせて15分休ませる。

10 9に打ち粉（分量外）を茶こしで軽くふり、クープ（切り込み）を1本入れる。切り込みに準備したバターをのせ、230℃のオーブンで18分前後焼く。焼き上がったらケーキクーラーに移し、粗熱をとる。

ルッコラとオリーブ

Time table ▶

材料を混ぜる → 10min 休 → パンチ1(1周) → 10min 休 → パンチ2(1周) → 10min 休 → パンチ3(1周) → 60min 発酵 → 成形 → 15min 休 → クープを入れる → 焼く → 完成

└ +粉チーズ、ルッコラ、グリーンオリーブ

材料（約10×8cmのパン4個分）

A
| 準強力粉（リスドォル）……200g
| インスタントドライイースト……2g
| 粉チーズ……20g

B
| 水……155g
| はちみつ……10g
| 塩……4g

ルッコラ……50g
グリーンオリーブ（種なし）……50g
オリーブオイル（クープ用）……適量

準備

・ルッコラは3cm長さに切る。葉の大きい部分は一口大に切る。
・グリーンオリーブは4等分の輪切りにし、ペーパーに包んで水気をふきとる。
・天板にベーキングシートを敷く。
・焼成までにオーブンに予熱を入れる。

作り方

1 ボウルに**B**の材料を入れ、ゴムベラで混ぜ合わせる。プラ密閉容器に**A**の材料を入れ、泡立て器で混ぜ合わせる。

2 **B**のボウルに**A**、準備したルッコラとグリーンオリーブを加え［**a**］、ゴムベラで粉気がなくなるまで混ぜたら［**b**］、ラップをして10分休ませる。

3 指先を軽く濡らし、生地の外側をつまんで引き伸ばして内側にたたむ（パンチを入れる）。生地を1周するように10回くらいパンチを入れたら、ラップをして10分休ませる。

4 生地に1周パンチを入れる（2回目）。ラップをして10分休ませる。

5 生地に1周パンチを入れる（3回目）。生地の折り目を下にしてプラ密閉容器に移し、底全体に均等に伸ばす。

6 プラ密閉容器に蓋をして室温で発酵させる。生地が2倍の大きさになったら発酵完了。

7 生地の表面と作業台に打ち粉（分量外）をし、プラ密閉容器の四辺にカードを差し込んですき間を作る。プラ密閉容器を逆さにし、生地をゆっくりと作業台に落とす。

8 生地のガスを抜かないようにやさしく広げて20cm四方にする。

9 生地の手前1/3を奥に、奥1/3を手前に折って三つ折りにし、カードで4分割する。準備した天板に並べ、乾いた布巾をかぶせて15分休ませる。

10 **9**に打ち粉（分量外）を茶こしで軽くふり、クープ（切り込み）を1本入れる。切り込みにスプーンでオリーブオイルを流し、230℃のオーブンで18分前後焼く。焼き上がったらケーキクーラーに移し、粗熱をとる。

シナモンレーズン

Time table ▶

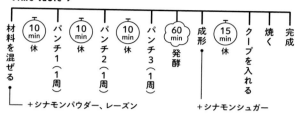

材料を混ぜる → **10 min** 休 → パンチ1（1周）→ **10 min** 休 → パンチ2（1周）→ **10 min** 休 → パンチ3（1周）→ **60 min** 発酵 → 成形 → **15 min** 休 → クープを入れる → 焼く → 完成

└ ＋シナモンパウダー、レーズン　　＋シナモンシュガー ┘

材料（約10×8cmのパン4個分）

A
準強力粉（リスドォル）……200g
インスタントドライイースト……2g
シナモンパウダー……5g

B
水……160g
はちみつ……16g
塩……4g

シナモンシュガー
グラニュー糖……25g
シナモンパウダー……5g

レーズン（ドライ）……80g
バター（無塩・クープ用）……適量

準備

・レーズンは湯通しし、ペーパーで包んで水気をふきとる。
・シナモンシュガーの材料は混ぜ合わせておく。
・バターは4本細長くカットし、ラップに包んで冷凍庫で冷やしておく。
・天板にベーキングシートを敷く。
・焼成までにオーブンに予熱を入れる。

作り方

1 ボウルに**B**の材料を入れ、ゴムベラで混ぜ合わせる。プラ密閉容器に**A**の材料を入れ、泡立て器で混ぜ合わせる。

2 **B**のボウルに**A**、準備したレーズンを加え、ゴムベラで粉気がなくなるまで混ぜたら、ラップをして10分休ませる。

3 指先を軽く濡らし、生地の外側をつまんで引き伸ばして内側にたたむ（パンチを入れる）。生地を1周するように10回くらいパンチを入れたら、ラップをして10分休ませる。

4 生地に1周パンチを入れる（2回目）。ラップをして10分休ませる。

5 生地に1周パンチを入れる（3回目）。生地の折り目を下にしてプラ密閉容器に移し、底全体に均等に伸ばす。

6 プラ密閉容器に蓋をして室温で発酵させる。生地が2倍の大きさになったら発酵完了。

7 生地の表面と作業台に打ち粉（分量外）をし、プラ密閉容器の四辺にカードを差し込んですき間を作る。プラ密閉容器を逆さにし、生地をゆっくりと作業台に落とす。

8 生地のガスを抜かないようにやさしく広げて20cm四方にし、手前1/3を残して準備したシナモンシュガーを散らす。

9 生地の手前1/3を奥に、奥1/3を手前に折って三つ折りにし、カードで4分割する。準備した天板に並べ、乾いた布巾をかぶせて15分休ませる。

10 9に打ち粉（分量外）を茶こしで軽くふり、クープ（切り込み）を1本入れる。切り込みに準備したバターをのせ、230℃のオーブンで18分前後焼く。焼き上がったらケーキクーラーに移し、粗熱をとる。

＊好みでフロスティング（p.38）をつけるとよりおいしくいただけます。

青のりチーズ

Time table ▶

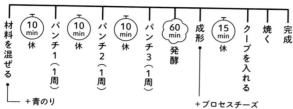

材料（約10×8cmのパン4個分）

A 準強力粉（リスドォル）……200g
　インスタントドライイースト……2g
　青のり……1g

B 水……150g
　はちみつ……10g
　塩……4g

　プロセスチーズ……50g
　バター（無塩・クープ用）……適量

準備
・プロセスチーズは7〜8mm角に刻む。
・バターは4本細長くカットし、ラップに包んで冷凍庫で冷やしておく。
・天板にベーキングシートを敷く。
・焼成までにオーブンに予熱を入れる。

作り方
1 ボウルに**B**の材料を入れ、ゴムベラで混ぜ合わせる。プラ密閉容器に**A**の材料を入れ、泡立て器で混ぜ合わせる。

2 **B**のボウルに**A**を一度に加え、ゴムベラで粉気がなくなるまで混ぜたら、ラップをして10分休ませる。

3 指先を軽く濡らし、生地の外側をつまんで引き伸ばして内側にたたむ（パンチを入れる）。生地を1周するように10回くらいパンチを入れたら、ラップをして10分休ませる。

4 生地に1周パンチを入れる（2回目）。ラップをして10分休ませる。

5 生地に1周パンチを入れる（3回目）。生地の折り目を下にしてプラ密閉容器に移し、底全体に均等に伸ばす。

6 プラ密閉容器に蓋をして室温で発酵させる。生地が2倍の大きさになったら発酵完了。

7 生地の表面と作業台に打ち粉（分量外）をし、プラ密閉容器の四辺にカードを差し込んですき間を作る。プラ密閉容器を逆さにし、生地をゆっくりと作業台に落とす。

8 生地のガスを抜かないようにやさしく広げて20cm四方にし、手前1/3を残して準備したプロセスチーズを散らす。

9 生地の手前1/3を奥に、奥1/3を手前に折って三つ折りにし、カードで4分割する。準備した天板に並べ、乾いた布巾をかぶせて15分休ませる。

10 9に打ち粉（分量外）を茶こしで軽くふり、クープ（切り込み）を1本入れる。切り込みに準備したバターをのせ、230℃のオーブンで18分前後焼く。焼き上がったらケーキクーラーに移し、粗熱をとる。

じゃがいもクミン

Time table ▶

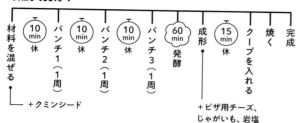

材料を混ぜる → 10min休 → パンチ1(1周) → 10min休 → パンチ2(1周) → 10min休 → パンチ3(1周) → 60min発酵 → 成形 → 15min休 → クープを入れる → 焼く → 完成

└→ +クミンシード

+ピザ用チーズ、じゃがいも、岩塩

材料（約10×8cmのパン4個分）

A 準強力粉（リスドォル）……200g
  インスタントドライイースト……2g
  クミンシード……5g

B 水……150g
  はちみつ……10g
  塩……4g

  じゃがいも……小2個（正味200g）
  ピザ用チーズ……50g
  岩塩……適量
  バター（無塩・クープ用）……適量

準備

・じゃがいもは皮をむいて水で濡らし、ひとつずつラップに包む。耐熱皿にのせ、電子レンジで4分加熱し、熱いうちにフォークで食べやすい大きさにほぐす。ラップをかぶせて粗熱をとり、冷めてから使用する。
 ＊じゃがいもがほぐしにくい場合は、追加で数十秒ずつ加熱してください。

・バターは4本細長くカットし、ラップに包んで冷凍庫で冷やしておく。

・天板にベーキングシートを敷く。

・焼成までにオーブンに予熱を入れる。

作り方

1 ボウルに**B**の材料を入れ、ゴムベラで混ぜ合わせる。プラ密閉容器に**A**の材料を入れ、泡立て器で混ぜ合わせる。

2 **B**のボウルに**A**を一度に加え、ゴムベラで粉気がなくなるまで混ぜたら、ラップをして10分休ませる。

3 指先を軽く濡らし、生地の外側をつまんで引き伸ばして内側にたたむ（パンチを入れる）。生地を1周するように10回くらいパンチを入れたら、ラップをして10分休ませる。

4 生地に1周パンチを入れる（2回目）。ラップをして10分休ませる。

5 生地に1周パンチを入れる（3回目）。生地の折り目を下にしてプラ密閉容器に移し、底全体に均等に伸ばす。

6 プラ密閉容器に蓋をして室温で発酵させる。生地が2倍の大きさになったら発酵完了。

7 生地の表面と作業台に打ち粉（分量外）をし、プラ密閉容器の四辺にカードを差し込んですき間を作る。プラ密閉容器を逆さにし、生地をゆっくりと作業台に落とす。

8 生地のガスを抜かないようにやさしく広げて20cm四方にし、手前1/3を残してピザ用チーズ、準備したじゃがいもの順に乗せ、岩塩をふりかける。

9 生地の手前1/3を奥に、奥1/3を手前に折って三つ折りにし、カードで4分割する。準備した天板に並べ、乾いた布巾をかぶせて15分休ませる。

10 **9**に打ち粉（分量外）を茶こしで軽くふり、クープ（切り込み）を1本入れる。切り込みに準備したバターをのせ、230℃のオーブンで18分前後焼く。焼き上がったらケーキクーラーに移し、粗熱をとる。

キャラメルナッツ

Time table ▶

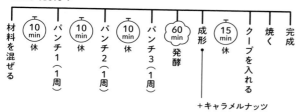

材料を混ぜる → 10min休 → パンチ1（1周） → 10min休 → パンチ2（1周） → 10min休 → パンチ3（1周） → 60min発酵 → 成形 → 15min休 → クープを入れる → 焼く → 完成

+キャラメルナッツ

材料（約10×8cmのパン4個分）

A 準強力粉（リスドォル）……200g
インスタントドライイースト……2g

B 水……150g
はちみつ……16g
塩……4g

キャラメルナッツ（p.38）……全量
バター（無塩・クープ用）……適量

準備

・キャラメルナッツを作っておく（p.38）。
・バターは4本細長くカットし、ラップに包んで冷凍庫で冷やしておく。
・天板にベーキングシートを敷く。
・焼成までにオーブンに予熱を入れる。

作り方

1 ボウルに**B**の材料を入れ、ゴムベラで混ぜ合わせる。プラ密閉容器に**A**の材料を入れ、泡立て器で混ぜ合わせる。

2 **B**のボウルに**A**を一度に加え、ゴムベラで粉気がなくなるまで混ぜたら、ラップをして10分休ませる。

3 指先を軽く濡らし、生地の外側をつまんで引き伸ばして内側にたたむ（パンチを入れる）。生地を1周するように10回くらいパンチを入れたら、ラップをして10分休ませる。

4 生地に1周パンチを入れる（2回目）。ラップをして10分休ませる。

5 生地に1周パンチを入れる（3回目）。生地の折り目を下にしてプラ密閉容器に移し、底全体に均等に伸ばす。

6 プラ密閉容器に蓋をして室温で発酵させる。生地が2倍の大きさになったら発酵完了。

7 生地の表面と作業台に打ち粉（分量外）をし、プラ密閉容器の四辺にカードを差し込んですき間を作る。プラ密閉容器を逆さにし、生地をゆっくりと作業台に落とす。

8 生地のガスを抜かないようにやさしく広げて20cm四方にし、手前1/3を残して準備したキャラメルナッツを散らす［**a**］。

9 生地の手前1/3を奥に、奥1/3を手前に折って三つ折りにし［**b**〜**c**］、カードで4分割する。準備した天板に並べ、乾いた布巾をかぶせて15分休ませる。

10 9に打ち粉（分量外）を茶こしで軽くふり、クープ（切り込み）を1本入れる。切り込みに準備したバターをのせ、230℃のオーブンで18分前後焼く。焼き上がったらケーキクーラーに移し、粗熱をとる。

キャラメルナッツの作り方

材料

くるみ……30g

アーモンド……30g

水……小さじ2

グラニュー糖……50g

バター（無塩）……5g

準備

・くるみ、アーモンドは180℃に予熱したオーブンで4〜5分ローストする。

・バットにベーキングシートを敷く。

作り方

1 フライパンに水を入れ、グラニュー糖をふり入れる。

2 グラニュー糖に水が染み込んだら、中〜強火で加熱する。

3 グラニュー糖が溶けて全体がふつふつと沸いてきたら、準備したくるみとアーモンドを入れ、絶えず混ぜながら加熱する。

4 全体が茶色く色づきはじめたら火を止め、バターを加えて手早くからめる。
＊加熱しすぎると、焼成中にキャラメルソースが焦げてしまうので、うす茶色に色づいてきたタイミングで火を止めましょう。
＊バターを入れるタイミングで少しはねることがあるので、火傷に気をつけましょう。

5 準備したバットに移し、しっかりと冷ます。冷めたら食べやすい大きさに粗く刻む。
＊加熱後は非常に高温なので、必ず耐熱性のある調理用バットにベーキングシートを敷いて移します。

フロスティングの作り方

材料

クリームチーズ……40g

バター（無塩）……20g

粉糖……12g

準備

・クリームチーズとバターは室温に出し、やわらかくする。

作り方

1 ボウルにクリームチーズとバターを入れ、なめらかになるまで練る。

2 粉糖を2〜3回に分けて加え、そのつど混ぜる。全体が混ざればでき上がり。

1 シュガーバター

材料（切りっぱなしプレーン2個分）
＊厚みを半分にするので4個でき上がります。

バター（無塩）……50g
グラニュー糖……20g
グラニュー糖（仕上げ用）
　　……各小さじ1/4

作り方

1 ボウルに室温でやわらかくしたバターを入れて練り、グラニュー糖を加えて混ぜる。

2 パンの厚みを半分にスライスして1を塗る。その上にグラニュー糖（仕上げ用）をふりかけ、耐熱バットにのせてトースターで焼く。バターが溶けて表面のグラニュー糖が色づいたらでき上がり。

＊ガーリックバターとシュガーバターは、バターが溶けてこぼれるので、バットなどの受け皿を使用してください。

2 ガーリックバター

材料（切りっぱなしプレーン2個分）
＊厚みを半分にするので4個でき上がります。

バター（無塩）……50g
にんにく（すりおろし）……3g
塩……小さじ1/4
オリーブオイル……小さじ1
レモン果汁……小さじ1
パセリ（みじん切り）……大さじ1

作り方

1 ボウルに室温でやわらかくしたバターを入れて練り、にんにく、塩を加えて混ぜる。

2 1にオリーブオイル、レモン果汁の順に加え、つど混ぜ、均一になったらパセリを加える。

3 パンの厚みを半分にスライスして2を塗り、耐熱バットにのせてトースターで焼く。バターが溶けてパンのふちがこんがり色づいたらでき上がり。

3 あんバター

材料（切りっぱなしプレーン1個分）

あんこ……適量（写真では40〜50g使用）
バター（無塩）……7〜8mm厚さ1枚
　　　　（写真では30gほど使用）
岩塩……少々

作り方

1 パンは奥を少し残した状態で厚み半分の切り込みを入れる。

2 切り込みにバターをはさみ、岩塩を少しのせる。その上にあんこを重ねてサンドする。

Part2

ねじねじ

全粒粉を入れることでよりハードに、香ばしい味わいに仕上げた
ねじねじパン。かめばかむほどおいしさが際立ちます。

Part2 の基本となるパン

ねじねじプレーン

Time table ▶

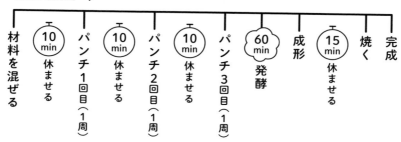

材料を混ぜる → ⏱10 min 休ませる → パンチ1回目（1周）→ ⏱10 min 休ませる → パンチ2回目（1周）→ ⏱10 min 休ませる → パンチ3回目（1周）→ 60 min 発酵 → 成形 → ⏱15 min 休ませる → 焼く → 完成

材料（約18×5cmのパン4個分）

A 準強力粉（リスドォル）……160g
全粒粉…40g
インスタントドライイースト……2g

B 水……150g
はちみつ……10g
塩……4g

準備

・天板にベーキングシートを敷く。

・焼成までにオーブンに予熱を入れる。

プロセス動画

 ねじねじ
プレーンの作り方

作り方

| 材料を混ぜる | 10 min 休ませる | パンチ1回目 |

ボウルに**B**の材料を入れ、ゴムベラで混ぜ合わせる。
プラ密閉容器に**A**の材料を入れ、泡立て器で均等になるよう混ぜ合わせる。

Bのボウルに**A**を一度に加え、ゴムベラで粉気がなくなるまで混ぜる。
ボウルの中で生地をひとまとめにし、ラップをして10分休ませる。

指先を軽く濡らし、生地の外側をつまんで引き伸ばして内側にたたむ（パンチを入れる）。生地を1周するように10回くらいパンチを入れたら、ラップをして10分休ませる。

全粒粉の配合量は全体の20%まで
全粒粉を配合した生地は、グルテンが作られにくくなります。配合量が多いと重たい食感になってしまうので、全体の20%前後を目安にしましょう。

10 min	パンチ 2 回目	10 min	パンチ 3 回目	60 min
休ませる		休ませる		発酵

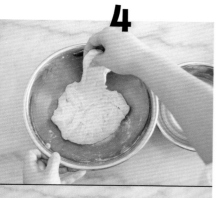

4

生地に1周パンチを入れる。ラップをして10分休ませる。

5

生地に1周パンチを入れる。3回目のパンチを入れ終えたら、生地の折り目が下にくるようにしてプラ密閉容器に移し、底全体に生地が行き渡るように平らに伸ばす。

6

プラ密閉容器に蓋をし、生地が2倍の大きさになるまで室温で発酵させる。

成形

7

生地の表面と作業台に打ち粉（分量外）をし、プラ密閉容器の四辺に沿わせてカードを差し込んで、生地と容器の間にすき間を作る。

8

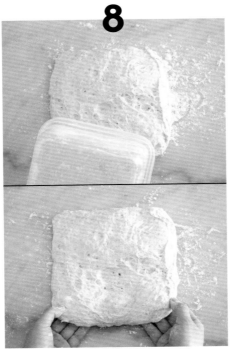

プラ密閉容器をひっくり返して生地をゆっくりと作業台に落とす。

指に打ち粉をつけたら、生地の下に手を入れ、生地のガスを抜かないようにやさしく広げ、20cm四方にする。

切って

9

生地をカードで4分割する。カードで切ったら生地どうしはすぐ離す。

カードにも粉をつけると分割がスムーズに

分割の際は、カードにも打ち粉をすることで、カードが生地にくっつきにくくなります。

＼ ここでオーブン予熱 ／

| | 15 min 休ませる | 焼く |

巻いて
10

ねじねじ
11

12

230℃ | 18分

それぞれの生地を奥から手前に向かって巻く。ひと巻きしては指先できゅっとやさしく押さえる作業をくり返す。

生地の両端を持ち、3〜4回ねじる。準備した天板に並べて形を整え、生地の上に乾いた布巾をかぶせ15分休ませる。

230℃のオーブンで18分前後焼く。焼き上がったらケーキクーラーに移し、粗熱をとる。

たくさんねじると…
成形時にたくさんねじると、よじれたようなユニークな形にすることもできます。

くるみチーズ

Time table ▶

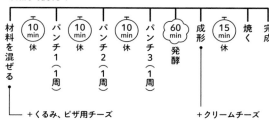

材料を混ぜる → 10min 休 → パンチ1（1周）→ 10min 休 → パンチ2（1周）→ 10min 休 → パンチ3（1周）→ 60min 発酵 → 成形 → 15min 休 → 焼く → 完成

└ +くるみ、ピザ用チーズ   └ +クリームチーズ

材料（約18×5cmのパン4個分）

A
- 準強力粉（リスドォル）……160g
- 全粒粉……40g
- インスタントドライイースト……2g

B
- 水……165g
- はちみつ……10g
- 塩……4g

- くるみ……80g
- ピザ用チーズ……60g
- クリームチーズ……60g

準備

- くるみは180℃に予熱したオーブンで4〜5分ローストし、手で食べやすい大きさに割る。
- クリームチーズは使う直前に7〜8mm角に切り、4つに分けておく。
- 天板にベーキングシートを敷く。
- 焼成までにオーブンに予熱を入れる。

作り方

1 ボウルに**B**の材料を入れ、ゴムベラで混ぜ合わせる。プラ密閉容器に**A**の材料を入れ、泡立て器で混ぜ合わせる。

2 **B**のボウルに**A**、準備したくるみ、ピザ用チーズを加え、ゴムベラで粉気がなくなるまで混ぜたら、ラップをして10分休ませる。

3 指先を軽く濡らし、生地の外側をつまんで引き伸ばして内側にたたむ（パンチを入れる）。生地を1周するように10回くらいパンチを入れたら、ラップをして10分休ませる。

4 生地に1周パンチを入れる（2回目）。ラップをして10分休ませる。

5 生地に1周パンチを入れる（3回目）。生地の折り目を下にしてプラ密閉容器に移し、底全体に均等に伸ばす。

6 プラ密閉容器に蓋をして室温で発酵させる。生地が2倍の大きさになったら発酵完了。

7 生地の表面と作業台に打ち粉（分量外）をし、プラ密閉容器の四辺にカードを差し込んですき間を作る。プラ密閉容器を逆さにし、生地をゆっくりと作業台に落とす。

8 生地のガスを抜かないようにやさしく広げて20cm四方にし、カードで4分割する。

9 各生地の奥側に準備したクリームチーズを適量散らし［**a**］、生地をひと巻きしてきゅっと押さえる［**b**］。さらにクリームチーズを散らして巻く［**c**］のを2回くり返す。巻き終わったら生地を数回ねじって準備した天板に並べ、形を整える。乾いた布巾をかぶせ15分休ませる。

10 9を230℃のオーブンで18分前後焼く。焼き上がったらケーキクーラーに移し、粗熱をとる。

チョコチップ

Time table ▶

材料を混ぜる → 10min休 → パンチ1（1周）→ 10min休 → パンチ2（1周）→ 10min休 → パンチ3（1周）→ 60min発酵 → 成形 → 15min休 → 焼く → 完成

└ +チョコチップ

材料（約18×5cmのパン4個分）

A 準強力粉（リスドォル）……160g
全粒粉……40g
インスタントドライイースト……2g

B 水……150g
はちみつ……16g
塩……4g

チョコチップ……70g

準備

・天板にベーキングシートを敷く。
・焼成までにオーブンに予熱を入れる。

作り方

1 ボウルに**B**の材料を入れ、ゴムベラで混ぜ合わせる。プラ密閉容器に**A**の材料を入れ、泡立て器で混ぜ合わせる。

2 **B**のボウルに**A**、チョコチップを加え、ゴムベラで粉気がなくなるまで混ぜたら、ラップをして10分休ませる。

3 指先を軽く濡らし、生地の外側をつまんで引き伸ばして内側にたたむ（パンチを入れる）。生地を1周するように10回くらいパンチを入れたら、ラップをして10分休ませる。

4 生地に1周パンチを入れる（2回目）。ラップをして10分休ませる。

5 生地に1周パンチを入れる（3回目）。生地の折り目を下にしてプラ密閉容器に移し、底全体に均等に伸ばす。

6 プラ密閉容器に蓋をして室温で発酵させる。生地が2倍の大きさになったら発酵完了。

7 生地の表面と作業台に打ち粉（分量外）をし、プラ密閉容器の四辺にカードを差し込んですき間を作る。プラ密閉容器を逆さにし、生地をゆっくりと作業台に落とす。

8 生地のガスを抜かないようにやさしく広げて20cm四方にし、カードで4分割する。

9 各生地の奥から手前に向かって巻く。生地をひと巻きしては、指先できゅっとやさしく押さえる作業をくり返す。巻いた生地を数回ねじり、準備した天板に並べ、形を整えたら、乾いた布巾をかぶせ15分休ませる。

10 9を230℃のオーブンで18分前後焼く。焼き上がったらケーキクーラーに移し、粗熱をとる。

ほうれん草とベーコン

Time table ▶

材料を混ぜる → **10 min** 休 → パンチ1(1周) → **10 min** 休 → パンチ2(1周) → **10 min** 休 → パンチ3(1周) → **60 min** 発酵 → 成形 → **15 min** 休 → 焼く → 完成

└→ +ほうれん草

+ブロックベーコン、チェダーチーズ

材料(約18×5cmのパン4個分)

A
- 準強力粉(リスドォル)……160g
- 全粒粉……40g
- インスタントドライイースト……2g

B
- 水……150g
- はちみつ……10g
- 塩……4g

- ほうれん草……40g
- ブロックベーコン……60g
- チェダーチーズ(スライス)……3枚

準備

・ほうれん草は3cm長さに切る。葉の大きい部分は食べやすい大きさに切る。

・ブロックベーコンは7〜8mm角に切り、4つに分けておく。

・チェダーチーズは使う直前に4等分し、手で細かくちぎる。

・天板にベーキングシートを敷く。

・焼成までにオーブンに予熱を入れる。

作り方

1 ボウルに**B**の材料を入れ、ゴムベラで混ぜ合わせる。プラ密閉容器に**A**の材料を入れ、泡立て器で混ぜ合わせる。

2 **B**のボウルに**A**、準備したほうれん草を加え、ゴムベラで粉気がなくなるまで混ぜたら、ラップをして10分休ませる。

3 指先を軽く濡らし、生地の外側をつまんで引き伸ばして内側にたたむ(パンチを入れる)。生地を1周するように10回くらいパンチを入れたら、ラップをして10分休ませる。

4 生地に1周パンチを入れる(2回目)。ラップをして10分休ませる。

5 生地に1周パンチを入れる(3回目)。生地の折り目を下にしてプラ密閉容器に移し、底全体に均等に伸ばす。

6 プラ密閉容器に蓋をして室温で発酵させる。生地が2倍の大きさになったら発酵完了。

7 生地の表面と作業台に打ち粉(分量外)をし、プラ密閉容器の四辺にカードを差し込んですき間を作る。プラ密閉容器を逆さにし、生地をゆっくりと作業台に落とす。

8 生地のガスを抜かないようにやさしく広げて20cm四方にし、カードで4分割する。

9 各生地の奥側に準備したブロックベーコンとチェダーチーズを適量散らし、生地をひと巻きしてきゅっと押さえる。さらに具を散らして巻くのを2回くり返す。巻き終わったら生地を数回ねじって準備した天板に並べ、形を整える。乾いた布巾をかぶせ15分休ませる。

10 **9**を230℃のオーブンで18分前後焼く。焼き上がったらケーキクーラーに移し、粗熱をとる。

クランベリーとオレンジ

Time table ▶

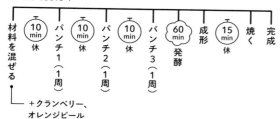

材料を混ぜる → 10min休 → パンチ1（1周）→ 10min休 → パンチ2（1周）→ 10min休 → パンチ3（1周）→ 60min発酵 → 成形 → 15min休 → 焼く → 完成

└ ＋クランベリー、オレンジピール

材料（約18×5cmのパン 4個分）

A｜準強力粉（リスドォル）……160g
　　全粒粉……40g
　　インスタントドライイースト……2g

B｜水……150g
　　はちみつ……16g
　　塩……4g

　　クランベリー（ドライ）……60g
　　オレンジピール……60g

砂糖と洋酒で漬け込んだ5mm
カットのものを使用。

準備

・クランベリーは湯通しし、ペーパーで包んで
　水気をふきとる。
・天板にベーキングシートを敷く。
・焼成までにオーブンに予熱を入れる。

作り方

1 ボウルに**B**の材料を入れ、ゴムベラで混ぜ合わ
　せる。プラ密閉容器に**A**の材料を入れ、泡立て
　器で混ぜ合わせる。

2 **B**のボウルに**A**、準備したクランベリー、オレン
　ジピールを加え、ゴムベラで粉気がなくなるま
　で混ぜたら、ラップをして10分休ませる。

3 指先を軽く濡らし、生地の外側をつまんで引き
　伸ばして内側にたたむ（パンチを入れる）。生地を
　1周するように10回くらいパンチを入れたら、
　ラップをして10分休ませる。

4 生地に1周パンチを入れる（2回目）。ラップをし
　て10分休ませる。

5 生地に1周パンチを入れる（3回目）。生地の折り
　目を下にしてプラ密閉容器に移し、底全体に均
　等に伸ばす。

6 プラ密閉容器に蓋をして室温で発酵させる。生
　地が2倍の大きさになったら発酵完了。

7 生地の表面と作業台に打ち粉（分量外）をし、プラ
　密閉容器の四辺にカードを差し込んですき間を
　作る。プラ密閉容器を逆さにし、生地をゆっく
　りと作業台に落とす。

8 生地のガスを抜かないようにやさしく広げて
　20cm四方にし、カードで4分割する。

9 各生地の奥から手前に向かって巻く。生地をひ
　と巻きしては、指先できゅっとやさしく押さえ
　る作業をくり返す。巻いた生地を数回ねじり、
　準備した天板に並べ、形を整える。乾いた布巾
　をかぶせ15分休ませる。

10 **9**を230℃のオーブンで18分前後焼く。焼き上
　がったらケーキクーラーに移し、粗熱をとる。

ねじねじバリエ**5**

ダブルトマト

Time table ▶

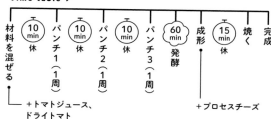

材料を混ぜる → 10min 休 → パンチ1（1周） → 10min 休 → パンチ2（1周） → 10min 休 → パンチ3（1周） → 60min 発酵 → 成形 → 15min 休 → 焼く → 完成

└ +トマトジュース、ドライトマト

+プロセスチーズ

材料（約18×5cmのパン4個分）

A 準強力粉（リスドォル）……160g
全粒粉……40g
インスタントドライイースト……2g

B トマトジュース（無塩）……170g
はちみつ……10g
塩……4g

ドライトマト……25g
プロセスチーズ……40g

準備

・ドライトマトはぬるま湯に10分ほど漬けてふやかし、水気をふきとって7〜8mm角に切る。
・プロセスチーズは7〜8mm角に切り、4つに分けておく。
・天板にベーキングシートを敷く。
・焼成までにオーブンに予熱を入れる。

作り方

1 ボウルに**B**の材料を入れ、ゴムベラで混ぜ合わせる。プラ密閉容器に**A**の材料を入れ、泡立て器で混ぜ合わせる。

2 **B**のボウルに**A**、準備したドライトマトを加え、ゴムベラで粉気がなくなるまで混ぜたら、ラップをして10分休ませる。

3 指先を軽く濡らし、生地の外側をつまんで引き伸ばして内側にたたむ（パンチを入れる）。生地を1周するように10回くらいパンチを入れたら、ラップをして10分休ませる。

4 生地に1周パンチを入れる（2回目）。ラップをして10分休ませる。

5 生地に1周パンチを入れる（3回目）。生地の折り目を下にしてプラ密閉容器に移し、底全体に均等に伸ばす。

6 プラ密閉容器に蓋をして室温で発酵させる。生地が2倍の大きさになったら発酵完了。

7 生地の表面と作業台に打ち粉（分量外）をし、プラ密閉容器の四辺にカードを差し込んですき間を作る。プラ密閉容器を逆さにし、生地をゆっくりと作業台に落とす。

8 生地のガスを抜かないようにやさしく広げて20cm四方にし、カードで4分割する。

9 各生地の奥側に準備したプロセスチーズを適量散らし、生地をひと巻きしてきゅっと押さえる。さらにプロセスチーズを散らして巻くのを2回くり返す。生地を数回ねじって準備した天板に並べ、形を整える。乾いた布巾をかぶせ15分休ませる。

10 9を230℃のオーブンで18分前後焼く。焼き上がったらケーキクーラーに移し、粗熱をとる。

きな粉シュガー

Time table ▶

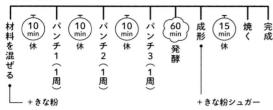

材料を混ぜる ┬ 10min 休 ┬ パンチ1(1周) ┬ 10min 休 ┬ パンチ2(1周) ┬ 10min 休 ┬ パンチ3(1周) ┬ 60min 発酵 ┬ 成形 ┬ 15min 休 ┬ 焼く ┬ 完成

└─ +きな粉   +きな粉シュガー

材料(約18×5cmのパン4個分)

A 準強力粉(リスドォル)……160g
全粒粉……40g
きな粉……20g
インスタントドライイースト……2g

B 水……185g
はちみつ……16g
塩……4g

きな粉シュガー
きな粉……5g
グラニュー糖……45g

きな粉(仕上げ用)……適量

準備
・きな粉シュガーの材料は混ぜ合わせておく。
・天板にベーキングシートを敷く。
・焼成までにオーブンに予熱を入れる。

作り方

1 ボウルに**B**の材料を入れ、ゴムベラで混ぜ合わせる。プラ密閉容器に**A**の材料を入れ、泡立て器で混ぜ合わせる。

2 **B**のボウルに**A**を加え、ゴムベラで粉気がなくなるまで混ぜたら、ラップをして10分休ませる。

3 指先を軽く濡らし、生地の外側をつまんで引き伸ばして内側にたたむ(パンチを入れる)。生地を1周するように10回くらいパンチを入れたら、ラップをして10分休ませる。

4 生地に1周パンチを入れる(2回目)。ラップをして10分休ませる。

5 生地に1周パンチを入れる(3回目)。生地の折り目を下にしてプラ密閉容器に移し、底全体に均等に伸ばす。

6 プラ密閉容器に蓋をして室温で発酵させる。生地が2倍の大きさになったら発酵完了。

7 生地の表面と作業台に打ち粉(分量外)をし、プラ密閉容器の四辺にカードを差し込んですき間を作る。プラ密閉容器を逆さにし、生地をゆっくりと作業台に落とす。

8 生地のガスを抜かないようにやさしく広げて20cm四方にし、カードで4分割する。

9 各生地の手前1cmを残し、表面にきな粉シュガーを1/4量ずつ広げ、奥から手前に向かって巻く。バットにきな粉(仕上げ用)を広げ、生地表面にきな粉をまぶしながら数回ねじり[**a**]、準備した天板に並べ、形を整える。乾いた布巾をかぶせ15分休ませる。

10 9を230℃のオーブンで18分前後焼く。焼き上がったらケーキクーラーに移し、粗熱をとる。

*好みできな粉練乳(p.63)をつけるとよりおいしくいただけます。

a

もろこししょうゆバター

Time table ▶

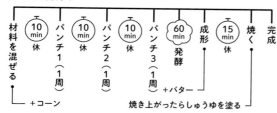

材料を混ぜる → 10min 休 → パンチ1（1周）→ 10min 休 → パンチ2（1周）→ 10min 休 → パンチ3（1周）→ 60min 発酵 → 成形 → 15min 休 → 焼く → 完成

+コーン ／ +バター ／ 焼き上がったらしょうゆを塗る

材料（約18×5cmのパン4個分）

A
準強力粉（リスドォル）……160g
全粒粉……40g
インスタントドライイースト……2g

B
水……150g
はちみつ……10g
塩……4g

コーン（缶）……120g
バター（無塩）……40g
しょうゆ……小さじ1

準備

・コーン（缶）はザルにあげ、ペーパーで包んで水気をふきとる。
・バターは1cm角に切り、冷蔵庫で冷やしておく。
・天板にベーキングシートを敷く。
・焼成までにオーブンに予熱を入れる。

作り方

1 ボウルに**B**の材料を入れ、ゴムベラで混ぜ合わせる。プラ密閉容器に**A**の材料を入れ、泡立て器で混ぜ合わせる。

2 **B**のボウルに**A**、準備したコーンを加え、ゴムベラで粉気がなくなるまで混ぜたら、ラップをして10分休ませる。

3 指先を軽く濡らし、生地の外側をつまんで引き伸ばして内側にたたむ（パンチを入れる）。生地を1周するように10回くらいパンチを入れたら、ラップをして10分休ませる。

4 生地に1周パンチを入れる（2回目）。ラップをして10分休ませる。

5 生地に1周パンチを入れる（3回目）。生地の折り目を下にしてプラ密閉容器に移し、底全体に均等に伸ばす。

6 プラ密閉容器に蓋をして室温で発酵させる。生地が2倍の大きさになったら発酵完了。

7 生地の表面と作業台に打ち粉（分量外）をし、プラ密閉容器の四辺にカードを差し込んですき間を作る。プラ密閉容器を逆さにし、生地をゆっくりと作業台に落とす。

8 生地のガスを抜かないようにやさしく広げて20cm四方にし、カードで4分割する。

9 各生地の奥側に準備したバターを1/4量ずつ一列に並べ［**a**］、手前に向かって巻く［**b**］。生地をひと巻きしては、指先できゅっとやさしく押さえる作業をくり返す。巻いた生地を数回ねじり、準備した天板に並べ、形を整える。乾いた布巾をかぶせ15分休ませる。

10 9を230℃のオーブンで18分前後焼く。焼き上がったらケーキクーラーに移し、熱いうちに軽く濡らして水気を絞ったハケでしょうゆをさっと塗る［**c**］。

＊焼き上がりは、生地からバターが流れ出てくるので、火傷に気をつけてください。

コーヒーマロン

Time table ▶

材料を混ぜる — 10min休 — パンチ1（1周）— 10min休 — パンチ2（1周）— 10min休 — パンチ3（1周）— 60min発酵 — 成形 — 15min休 — 焼く — 完成

└ +インスタントコーヒー

+栗の渋皮煮、ホワイトチョコレート

アイシングをかける

材料（約18×5cmのパン4個分）

A 準強力粉（リスドォル）……160g
　 全粒粉……40g
　 インスタントドライイースト……2g

B 水……150g
　 はちみつ……16g
　 塩……4g
　 インスタントコーヒー……6g

栗の渋皮煮……6粒（1粒18gほど）
ホワイトチョコレート……30g
コーヒーアイシング……適量

準備

・栗の渋皮煮は1cm角に切り、ペーパーで水気をふきとって、4つに分けておく。
・ホワイトチョコレートは粗く刻み、4つに分けておく。
・コーヒーアイシングを作る（右記参照）。
・天板にベーキングシートを敷く。
・焼成までにオーブンに予熱を入れる。

作り方

1 ボウルに**B**の材料を入れ、ゴムベラで混ぜ合わせる。プラ密閉容器に**A**の材料を入れ、泡立て器で混ぜ合わせる。

2 **B**のボウルに**A**を加え、ゴムベラで粉気がなくなるまで混ぜたら、ラップをして10分休ませる。

3 指先を軽く濡らし、生地の外側をつまんで引き伸ばして内側にたたむ（パンチを入れる）。生地を1周するように10回くらいパンチを入れたら、ラップをして10分休ませる。

4 生地に1周パンチを入れる（2回目）。ラップをして10分休ませる。

5 生地に1周パンチを入れる（3回目）。生地の折り目を下にしてプラ密閉容器に移し、底全体に均等に伸ばす。

6 プラ密閉容器に蓋をして室温で発酵させる。生地が2倍の大きさになったら発酵完了。

7 生地の表面と作業台に打ち粉（分量外）をし、プラ密閉容器の四辺にカードを差し込んですき間を作る。プラ密閉容器を逆さにし、生地をゆっくりと作業台に落とす。

8 生地のガスを抜かないようにやさしく広げて20cm四方にし、カードで4分割する。

9 各生地の奥側に準備した栗の渋皮煮、ホワイトチョコレートを適量散らし、生地をひと巻きしてきゅっと押さえる。さらに具を散らして巻くのを2回くり返したら、生地を数回ねじって準備した天板に並べ、形を整える。乾いた布巾をかぶせ15分休ませる。

10 9を230℃のオーブンで18分前後焼く。焼き上がったらケーキクーラーに移し、粗熱をとる。

11 10にコルネ（作り方はp.125）を使って準備したコーヒーアイシングをかける。

コーヒーアイシングの作り方

材料

粉糖……40g
インスタントコーヒー……2g
水……大さじ1/2前後

作り方

1 ボウルに粉糖、インスタントコーヒーを入れ混ぜ合わせる。

2 1に水を調整しながら加え、スプーンで落とすとゆっくり流れ、少し積もってから広がるくらいの硬さにする。

1 きな粉練乳

材料（ねじねじプレーン2本分）
バター（無塩）……40g
グラニュー糖……10g
練乳……20g
きな粉……20g

作り方

1 ボウルに室温に戻してやわらかくしたバター、グラニュー糖を入れて混ぜ合わせ、滑らかになったら練乳、きな粉を順に加え混ぜる。

2 口金をセットした絞り袋に入れ、深さ2/3くらいまで切り込みを入れたねじねじパンに絞る。

＊口金があるときれいに絞れます。写真では#12（外径28mm、口径13.5mm）のサイズを使用。
＊パンは切り込みを入れても閉じてしまうので、手で開くように癖をつけてからクリームを絞ります。

2 ラムレーズン

材料（ねじねじプレーン2本分）
バター（無塩）……40g
グラニュー糖……10g
練乳……20g
ラムレーズン……20g

作り方

1 ボウルに室温に戻してやわらかくしたバター、グラニュー糖を入れて混ぜ合わせ、滑らかになったら練乳、ラムレーズンを順に加え混ぜる。

2 口金をセットした絞り袋に入れ、深さ2/3くらいまで切り込みを入れたねじねじパンに絞る。

3 ミルクフランス

材料（ねじねじプレーン2本分）
バター（無塩）……50g
グラニュー糖……15g
練乳……25g

作り方

1 ボウルに室温に戻してやわらかくしたバター、グラニュー糖を入れて混ぜ合わせ、滑らかになったら練乳を加え混ぜる。

2 口金をセットした絞り袋に入れ、深さ2/3くらいまで切り込みを入れたねじねじパンに絞る。

4 明太フランス

材料（ねじねじプレーン2本分）
＊厚みを半分にするので4個でき上がります。
バター（無塩）……50g
辛子明太子（薄皮を除く）……正味30g
マヨネーズ……20g
レモン果汁……小さじ1/2
一味唐辛子……適量（お好みで）

作り方

1 ボウルに室温に戻してやわらかくしたバター、辛子明太子、マヨネーズ、レモン果汁を順に入れ、そのつど混ぜ合わせる。好みで一味唐辛子を加え、辛味を調節する。

2 ねじねじパンの厚みを半分に切り、1を塗る。耐熱バットにのせ、トースターでバターが溶けて染みるまで焼く。

＊仕上げに一味唐辛子をふりかけると、色が鮮やかになります。
＊バターが溶けてこぼれるので、バットなどの受け皿を使用してください。

Part3

——

ねじねじ食パン

かわいいミニ食パンはソフトな食感。切りっぱなし、
ねじねじパンとは違ったおいしさを楽しめます。

——

Part3 の基本となるパン

ねじねじ食パンプレーン

Time table ▶

材料を混ぜる — ⏲10min 休ませる — パンチ1回目（2周） — ⏲10min 休ませる — パンチ2回目（2周） — 60min 一次発酵 — 成形 — 40min 二次発酵 — 焼く — 完成

材料（6×6×25cmのスリム食パン型1台分）

A 準強力粉(リスドォル)……200g
インスタントドライイースト……2g

B 水……110g
牛乳……50g
溶かしバター(無塩)……20g
はちみつ……10g
塩……4g

プロセス動画

 ねじねじ食パン
プレーンの作り方

準備

・スリム食パン型にバター（分量外）を塗る[a]。

＊バターのすじが白く残るくらいしっかりと塗ってください。

・水と牛乳は25〜30℃くらいに温める。

・焼成までにオーブンに天板をセットした状態で予熱を入れる。

＊型を使用するときは、型に熱がスムーズに伝わるよう、天板をセットした状態で予熱を入れます。

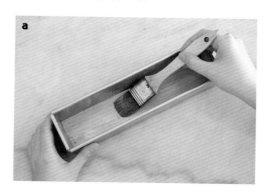

a

作り方

| 材料を混ぜる | 10 min 休ませる | パンチ1回目 |

1

ボウルに**B**の材料を入れ、ゴムベラで混ぜ合わせる。

プラ密閉容器に**A**の材料を入れ、泡立て器で均等になるよう混ぜ合わせる。

2

Bのボウルに**A**を一度に加え、ゴムベラで粉気がなくなるまで混ぜる。

ボウルの中で生地をひとまとめにし、ラップをして10分休ませる。

3

指先を軽く濡らし、生地の外側をつまんで引き伸ばして内側にたたむ（パンチを入れる）。生地を2周するように（1周10回くらい）パンチを入れたら、ラップをして10分休ませる。

水分は少し温める

牛乳や水などの水分が冷たいと溶かしバターが冷え固まってしまいます。25〜30℃くらいに温めたところに溶かしバターを加えましょう。

パンチは2周入れる

ねじねじ食パンは、きめ細かくやわらかい食感にしたいので、パンチは2周ずつ入れましょう。

| 10 min 休ませる | パンチ2回目 | 60 min 一次発酵 | 成形 |

4

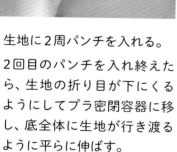

5

6

生地に2周パンチを入れる。
2回目のパンチを入れ終えたら、生地の折り目が下にくるようにしてプラ密閉容器に移し、底全体に生地が行き渡るように平らに伸ばす。

プラ密閉容器に蓋をし、室温で発酵させる。生地が2倍の大きさになったら一次発酵完了。

生地の表面と作業台に打ち粉（分量外）をし、プラ密閉容器の四辺に沿わせてカードを差し込んで、生地と容器の間にすき間を作る。
プラ密閉容器をひっくり返して生地をゆっくりと作業台に落とす。

成形

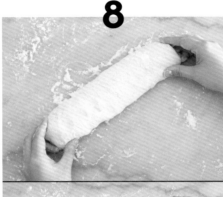

7 指に打ち粉をつけたら、生地の下に手を入れ、生地のガスを抜かないようにやさしく広げて18cm四方にする。
生地を奥から手前に向かって巻いていく。

8 奥から手前にひと巻きしては、指先できゅっとやさしく押さえる作業をくり返す。巻き終わった生地は台にのせたまま、数回ねじる。

9 ねじった生地は伸ばさないように注意しながら、準備したスリム食パン型に入れる。

ねじる回数は4〜5回を目安に

ねじねじ食パンは、ねじりすぎたり、ねじる際に生地を引き伸ばしたりしてしまうと、細長くなってしまい、型にうまく入りません。型に収まる長さになるよう気をつけましょう。また、生地を型に移動する際も、形が変わらないように注意してください。

打ち粉と型バターはしっかりと

生地を型に入れる際、生地の表面についている打ち粉が少量だったり、型に塗っているバターが薄かったりすると、焼き上がりの生地がスムーズに型から出せないことがあります。生地には打ち粉をしっかりと、型に塗るバターは白く筋が残るくらいを目安にしましょう。

＼ ここでオーブン予熱 ／

40 min 二次発酵	焼く

10

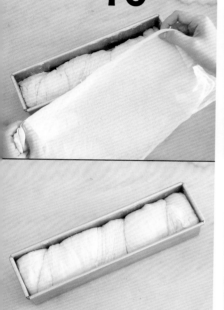

濡れ布巾をかぶせ、室温で発酵させる。生地の頂点が型の高さまで上がってきたら二次発酵完了。

11

200℃ | 25分

天板の上にのせ、200℃のオーブンで25分前後焼く。

12

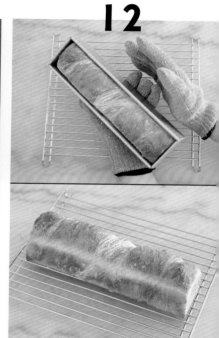

焼き上がったら型から出してケーキクーラーに移し、しっかり冷ます。

型の蓋を使うとき

四角い食パンにしたいときは、型に蓋をして焼きます。その場合、蓋の裏にもバターを塗り忘れないようにしましょう。また、生地は焼成中にさらにふくらむので、型の中でギュウギュウにならないよう、少し早めに（生地が型の高さの8割になったら）二次発酵を終了させ、蓋をして焼きましょう。

焼き上がったらすぐ型から出す

焼き上がったパンを型に入れたまま放置すると、余分な水分が外に放出されず、水分と空気がパンの中で縮むのでパンがつぶれてしまいます。焼成後は型の側面などを軽くたたいてショックを与え、すぐ型から出しましょう。大型のパンは、表面が冷めていても中心部が冷め切っていないことがあります。しっかりと冷ましてからカットしましょう。

生クリーム

Time table ▶

材料を混ぜる → 10 min 休 → パンチ1（2周） → 10 min 休 → パンチ2（2周） → 60 min 一次発酵 → 成形 → 20 min 二次発酵 → 焼く → 完成

└─ +生クリーム、グラニュー糖

材料（6×6×25cmのスリム食パン型1台分）

A
- 準強力粉（リスドォル）……200g
- インスタントドライイースト……2g

B
- 水……95g
- 生クリーム（乳脂肪分36%）……80g
- 溶かしバター（無塩）……20g
- はちみつ……16g
- グラニュー糖……16g
- 塩……4g

準備

- スリム食パン型にバター（分量外）を塗る。
- 水と生クリームは25〜30℃くらいに温める。
- 焼成までにオーブンに天板をセットした状態で予熱を入れる。

作り方

1 ボウルに**B**の材料を入れ、ゴムベラで混ぜ合わせる。プラ密閉容器に**A**の材料を入れ、泡立て器で混ぜ合わせる。

2 **B**のボウルに**A**を加え、ゴムベラで粉気がなくなるまで混ぜたら、ラップをして10分休ませる。

3 指先を軽く濡らし、生地の外側をつまんで引き伸ばして内側にたたむ（パンチを入れる）。生地を2周するようにパンチを入れたら、ラップをして10分休ませる。

4 生地に2周パンチを入れる（2回目）。生地の折り目を下にしてプラ密閉容器に移し、底全体に均等に伸ばす。

5 プラ密閉容器に蓋をして室温で発酵させる（一次発酵）。生地が2倍の大きさになったら発酵完了。

6 生地の表面と作業台に打ち粉（分量外）をし、プラ密閉容器の四辺にカードを差し込んですき間を作る。プラ密閉容器を逆さにし、生地をゆっくりと作業台に落とす。

7 生地のガスを抜かないようにやさしく広げて18cm四方にする。生地を奥から手前に向かってひと巻きしては、指先できゅっとやさしく押さえる作業をくり返す。巻いた生地を数回ねじり、準備した型に入れる。

8 7に濡れ布巾をかぶせ、室温で発酵させる（二次発酵）。生地の頂点が型の8割の高さまで上がってきたら発酵完了。

9 型に蓋をして天板にのせ、200℃のオーブンで25分前後焼く。焼き上がったら型からとり出してケーキクーラーに移し、しっかり冷ます。

黒ごま

Time table ▶

＋黒すりごま、黒ねりごま

材料（6×6×25cmのスリム食パン型1台分）

A ｜ 準強力粉（リスドォル）……200g
｜ インスタントドライイースト……2g
｜ 黒すりごま……15g

B ｜ 水……115g
｜ 牛乳……50g
｜ 溶かしバター（無塩）……20g
｜ はちみつ……10g
｜ 塩……4g
｜ 黒ねりごま……15g

準備

・スリム食パン型にバター（分量外）を塗る。

・水と牛乳は25〜30℃くらいに温める。

・焼成までにオーブンに天板をセットした状態で予熱を入れる。

作り方

1 ボウルに**B**の材料を入れ、ゴムベラで混ぜ合わせる。プラ密閉容器に**A**の材料を入れ、泡立て器で混ぜ合わせる。

2 **B**のボウルに**A**を加え、ゴムベラで粉気がなくなるまで混ぜたら、ラップをして10分休ませる。

3 指先を軽く濡らし、生地の外側をつまんで引き伸ばして内側にたたむ（パンチを入れる）。生地を2周するようにパンチを入れたら、ラップをして10分休ませる。

4 生地に2周パンチを入れる（2回目）。生地の折り目を下にしてプラ密閉容器に移し、底全体に均等に伸ばす。

5 プラ密閉容器に蓋をして室温で発酵させる（一次発酵）。生地が2倍の大きさになったら発酵完了。

6 生地の表面と作業台に打ち粉（分量外）をし、プラ密閉容器の四辺にカードを差し込んですき間を作る。プラ密閉容器を逆さにし、生地をゆっくりと作業台に落とす。

7 生地のガスを抜かないようにやさしく広げて18cm四方にする。生地を奥から手前に向かってひと巻きしては、指先できゅっとやさしく押さえる作業をくり返す。巻いた生地を数回ねじり、準備した型に入れる。

8 7に濡れ布巾をかぶせ、室温で発酵させる（二次発酵）。生地の頂点が型の8割の高さまで上がってきたら発酵完了。

9 型に蓋をして天板にのせ、200℃のオーブンで25分前後焼く。焼き上がったら型からとり出してケーキクーラーに移し、しっかり冷ます。

レーズン

Time table ▶

材料を混ぜる → (10min 休) → パンチ1(2周) → (10min 休) → パンチ2(2周) → (60min 一次発酵) → 成形 → (20min 二次発酵) → 焼く → 完成

└ +レーズン

材料（6×6×25cmのスリム食パン型1台分）

A 準強力粉（リスドォル）……200g
インスタントドライイースト……2g

B 水……110g
牛乳……50g
溶かしバター（無塩）……20g
はちみつ……16g
塩……4g

レーズン（ドライ）……80g

準備

・レーズンは湯通しし、ペーパーで包んで水気をふきとる。
・スリム食パン型にバター（分量外）を塗る。
・水と牛乳は25〜30℃くらいに温める。
・焼成までにオーブンに天板をセットした状態で予熱を入れる。

作り方

1 ボウルに**B**の材料を入れ、ゴムベラで混ぜ合わせる。プラ密閉容器に**A**の材料を入れ、泡立て器で混ぜ合わせる。

2 **B**のボウルに**A**、準備したレーズンを加え、ゴムベラで粉気がなくなるまで混ぜたら、ラップをして10分休ませる。

3 指先を軽く濡らし、生地の外側をつまんで引き伸ばして内側にたたむ（パンチを入れる）。生地を2周するようにパンチを入れたら、ラップをして10分休ませる。

4 生地に2周パンチを入れる（2回目）。生地の折り目を下にしてプラ密閉容器に移し、底全体に均等に伸ばす。

5 プラ密閉容器に蓋をして室温で発酵させる（一次発酵）。生地が2倍の大きさになったら発酵完了。

6 生地の表面と作業台に打ち粉（分量外）をし、プラ密閉容器の四辺にカードを差し込んですき間を作る。プラ密閉容器を逆さにし、生地をゆっくりと作業台に落とす。

7 生地のガスを抜かないようにやさしく広げて18cm四方にする。生地を奥から手前に向かってひと巻きしては、指先できゅっとやさしく押さえる作業をくり返す。巻いた生地を数回ねじり、準備した型に入れる。

8 7に濡れ布巾をかぶせ、室温で発酵させる（二次発酵）。生地の頂点が型の8割の高さまで上がってきたら発酵完了。

9 型に蓋をして天板にのせ、200℃のオーブンで25分前後焼く。焼き上がったら型からとり出してケーキクーラーに移し、しっかり冷ます。

塩バター

Time table ▶

材料を混ぜる → 10min休 → パンチ1（2周）→ 10min休 → パンチ2（2周）→ 60min 一次発酵 → 成形 → 40min 二次発酵 → 焼く → 完成

＋無塩バター、岩塩

材料（6×6×25cmのスリム食パン型1台分）

A
準強力粉（リスドォル）……200g
インスタントドライイースト……2g

B
水……110g
牛乳……50g
溶かしバター（無塩）……20g
はちみつ……10g
塩……4g

バター（無塩）……45g
岩塩……小さじ1/2

岩塩はフレーク状のものを使用。塩加減は好みで調整してください。

準備

・バターは1cm角に切り、冷蔵庫で冷やしておく。
・スリム食パン型にバター（分量外）を塗る。
・水と牛乳は25～30℃くらいに温める。
・焼成までにオーブンに天板をセットした状態で予熱を入れる。

作り方

1 ボウルに**B**の材料を入れ、ゴムベラで混ぜ合わせる。プラ密閉容器に**A**の材料を入れ、泡立て器で混ぜ合わせる。

2 **B**のボウルに**A**を加え、ゴムベラで粉気がなくなるまで混ぜたら、ラップをして10分休ませる。

3 指先を軽く濡らし、生地の外側をつまんで引き伸ばして内側にたたむ（パンチを入れる）。生地を2周するようにパンチを入れたら、ラップをして10分休ませる。

4 生地に2周パンチを入れる（2回目）。生地の折り目を下にしてプラ密閉容器に移し、底全体に均等に伸ばす。

5 プラ密閉容器に蓋をして室温で発酵させる（一次発酵）。生地が2倍の大きさになったら発酵完了。

6 生地の表面と作業台に打ち粉（分量外）をし、プラ密閉容器の四辺にカードを差し込んですき間を作る。プラ密閉容器を逆さにし、生地をゆっくりと作業台に落とす。

7 生地のガスを抜かないようにやさしく広げて18cm四方にする。

8 生地の奥側に準備したバターと岩塩を適量散らし［**a**］、生地をひと巻きして指先できゅっと押さえる［**b**］。さらにバターと岩塩を散らして巻くのを2回くり返す［**c**～**f**］。巻き終わったら生地を数回ねじり、準備した型に入れる。

9 8に濡れ布巾をかぶせ、室温で発酵させる（二次発酵）。生地の頂点が型の高さまで上がってきたら発酵完了。

10 9を天板にのせ、200℃のオーブンで25分前後焼く。焼き上がったら型からとり出してケーキクーラーに移し、しっかり冷ます。

＊型からとり出す際、バターが流れ出るので火傷に気をつけてください。

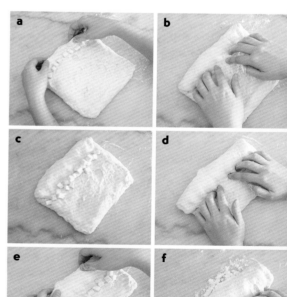

チョコレート

Time table ▶

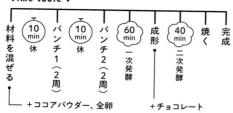

材料を混ぜる → 10min 休 → パンチ1(2周) → 10min 休 → パンチ2(2周) → 60min 一次発酵 → 成形 → 40min 二次発酵 → 焼く → 完成

└ ＋ココアパウダー、全卵

└ ＋チョコレート

材料（6×6×25cmのスリム食パン型1台分）

A | 準強力粉（リスドォル）……200g
インスタントドライイースト……2g
ココアパウダー……10g

B | 水……95g
牛乳……50g
溶かしバター（無塩）……20g
はちみつ……16g
塩……4g
全卵……20g

チョコレート……75g

準備

・チョコレートは粗く刻む〔**a**〕。

・スリム食パン型にバター（分量外）を塗る。

・水と牛乳は25〜30℃くらいに温める。

・全卵は室温にもどす。

・焼成までにオーブンに天板をセットした状態で予熱を入れる。

作り方

1 ボウルに**B**の材料を入れ、ゴムベラで混ぜ合わせる。プラ密閉容器に**A**の材料を入れ、泡立て器で混ぜ合わせる。

2 **B**のボウルに**A**を加え、ゴムベラで粉気がなくなるまで混ぜたら、ラップをして10分休ませる。

3 指先を軽く濡らし、生地の外側をつまんで引き伸ばして内側にたたむ（パンチを入れる）。生地を2周するようにパンチを入れたら、ラップをして10分休ませる。

4 生地に2周パンチを入れる（2回目）。生地の折り目を下にしてプラ密閉容器に移し、底全体に均等に伸ばす。

5 プラ密閉容器に蓋をして室温で発酵させる（一次発酵）。生地が2倍の大きさになったら発酵完了。

6 生地の表面と作業台に打ち粉（分量外）をし、プラ密閉容器の四辺にカードを差し込んですき間を作る。プラ密閉容器を逆さにし、生地をゆっくりと作業台に落とす。

7 生地のガスを抜かないようにやさしく広げて18cm四方にする。

8 生地の奥側に準備したチョコレートを適量散らし、生地をひと巻きして指先できゅっとやさしく押さえる。さらにチョコレートを散らして巻くのを2回繰り返す。巻き終わったら生地を数回ねじり、準備した型に入れる。

9 **8**に濡れ布巾をかぶせ、室温で発酵させる（二次発酵）。生地の頂点が型の高さまで上がってきたら発酵完了。

10 **9**を天板にのせ、200℃のオーブンで25分前後焼く。焼き上がったら型からとり出してケーキクーラーに移し、しっかり冷ます。

オニオンベーコン

Time table ▶

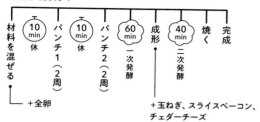

材料を混ぜる ─ +全卵 ─ 10min休 ─ パンチ1（2周） ─ 10min休 ─ パンチ2（2周） ─ 60min一次発酵 ─ 成形 +玉ねぎ、スライスベーコン、チェダーチーズ ─ 40min二次発酵 ─ 焼く ─ 完成

材料（6×6×25cmのスリム食パン型1台分）

A
準強力粉（リスドォル）……200g
インスタントドライイースト……2g

B
水……95g
牛乳……50g
溶かしバター（無塩）……20g
はちみつ……10g
塩……4g
全卵……20g

玉ねぎ……50g
スライスベーコン（ハーフ）……4枚
チェダーチーズ（スライス）……3枚

準備

・玉ねぎはみじん切りにし、ペーパーに包んで余分な水分をふきとる。
・スライスベーコンは7〜8mm角に切る。
・チェダーチーズは使う直前に手でちぎって細かくする。
・スリム食パン型にバター（分量外）を塗る。
・水と牛乳は25〜30℃くらいに温める。
・全卵は室温にもどす。
・焼成までにオーブンに天板をセットした状態で予熱を入れる。

作り方

1 ボウルに**B**の材料を入れ、ゴムベラで混ぜ合わせる。プラ密閉容器に**A**の材料を入れ、泡立て器で混ぜ合わせる。

2 **B**のボウルに**A**を加え、ゴムベラで粉気がなくなるまで混ぜたら、ラップをして10分休ませる。

3 指先を軽く濡らし、生地の外側をつまんで引き伸ばして内側にたたむ（パンチを入れる）。生地を2周するようにパンチを入れたら、ラップをして10分休ませる。

4 生地に2周パンチを入れる（2回目）。生地の折り目を下にしてプラ密閉容器に移し、底全体に均等に伸ばす。

5 プラ密閉容器に蓋をして室温で発酵させる（一次発酵）。生地が2倍の大きさになったら発酵完了。

6 生地の表面と作業台に打ち粉（分量外）をし、プラ密閉容器の四辺にカードを差し込んですき間を作る。プラ密閉容器を逆さにし、生地をゆっくりと作業台に落とす。

7 生地のガスを抜かないようにやさしく広げて18cm四方にする。

8 生地全体に準備した玉ねぎ、スライスベーコン、チェダーチーズを散らす［a］。生地を奥から手前に向かってひと巻きしては、指先できゅっとやさしく押さえる作業をくり返す。巻いた生地を数回ねじり、準備した型に入れる。

9 8に濡れ布巾をかぶせ、室温で発酵させる（二次発酵）。生地の頂点が型の高さまで上がってきたら発酵完了。

10 9を天板にのせ、200℃のオーブンで25分前後焼く。焼き上がったら型からとり出してケーキクーラーに移し、しっかり冷ます。

紅茶とオレンジ

Time table ▶

材料を混ぜる → 10min 休 → パンチ1(2周) → 10min 休 → パンチ2(2周) → 60min 一次発酵 → 成形 → 20min 二次発酵 → 焼く → 完成

└ +アールグレイ、全卵、オレンジピール

（二次発酵の下）レモンアイシング、オレンジピール、ピスタチオで仕上げる

材料（6×6×25cmのスリム食パン型1台分）

A
準強力粉（リスドォル）……200g
インスタントドライイースト……2g
アールグレイ（製菓用・粉末）……4g

B
水……90g
牛乳……50g
溶かしバター（無塩）……20g
はちみつ……16g
塩……4g
全卵……20g

オレンジピール（混ぜ込み用）……60g
レモンアイシング……全量
オレンジピール（仕上げ用）……30g
ピスタチオ……3〜4粒

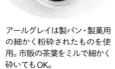

アールグレイは製パン・製菓用の細かく粉砕されたものを使用。市販の茶葉をミルで細かく砕いてもOK。

準備

・レモンアイシングを作る（右記参照）。
・ピスタチオはみじん切りにする。
・スリム食パン型にバター（分量外）を塗る。
・水と牛乳は25〜30℃くらいに温める。
・全卵は室温にもどす。
・焼成までにオーブンに天板をセットした状態で予熱を入れる。

作り方

1 ボウルに**B**の材料を入れ、ゴムベラで混ぜ合わせる。プラ密閉容器に**A**の材料を入れ、泡立て器で混ぜ合わせる。

2 **B**のボウルに**A**、オレンジピール（混ぜ込み用）を加え、ゴムベラで粉気がなくなるまで混ぜたら、ラップをして10分休ませる。

3 指先を軽く濡らし、生地の外側をつまんで引き伸ばして内側にたたむ（パンチを入れる）。生地を2周するようにパンチを入れたら、ラップをして10分休ませる。

4 生地に2周パンチを入れる（2回目）。生地の折り目を下にしてプラ密閉容器に移し、底全体に均等に伸ばす。

5 プラ密閉容器に蓋をして室温で発酵させる（一次発酵）。生地が2倍の大きさになったら発酵完了。

6 生地の表面と作業台に打ち粉（分量外）をし、プラ密閉容器の四辺にカードを差し込んですき間を作る。プラ密閉容器を逆さにし、生地をゆっくりと作業台に落とす。

7 生地のガスを抜かないようにやさしく広げて18cm四方にする。生地を奥から手前に向かってひと巻きしては、指先できゅっとやさしく押さえる作業をくり返す。巻いた生地を数回ねじり、準備した型に入れる。

8 **7**に濡れ布巾をかぶせ、室温で発酵させる（二次発酵）。生地の頂点が型の8割の高さまで上がってきたら発酵完了。

9 型に蓋をして天板にのせ、200℃のオーブンで25分前後焼く。焼き上がったら型からとり出してケーキクーラーに移し、しっかり冷ます。

10 冷めたら上部に準備したレモンアイシングを塗る[a]。レモンアイシングが乾かないうちに、オレンジピール（仕上げ用）、準備したピスタチオを飾り、100℃のオーブンで1分前後焼いて表面を乾かす。

a

レモンアイシングの作り方

材料
粉糖……50g
レモン果汁
　……大さじ3/4前後

b

作り方
ボウルに粉糖を入れ、レモン果汁を調整しながら加え、混ぜる。とろみはあるが、スプーンで流したときに少し積もってから広がるくらいの硬さにする[b]。

Part4

—

まるめる・のせる・つつむ

ここからは応用編。これまでと同じ生地を使って、
成形にひと手間加えた３タイプのパンを紹介します。

—

まるめる

ころんとまるいパンは、ふんわりと軽く、
やわらかい口当たりを楽しめます。

まるめるの基本となるパン

まるめるプレーン

Time table ▶

材料を混ぜる — 10min 休ませる — パンチ1回目（2周）— 10min 休ませる — パンチ2回目（2周）— 60min 一次発酵 — 分割 — 15min 休ませる — ガス抜き・成形 — 60min 二次発酵 — クープを入れる — 焼く — 完成

ねじねじ食パン（p.66）と同じ

材料（直径8cmのパン5個分）

A 準強力粉（リスドォル）……150g
インスタントドライイースト……1.5g

B 水……110g
溶かしバター（無塩）……15g
はちみつ……10g
塩……3g

バター（無塩・クープ用）……適量

準備

・バターは5本細長くカットし、ラップに包んで冷凍庫で冷やしておく。

・水は25〜30℃くらいに温める。

・天板にベーキングシートを敷く。

・焼成までにオーブンに予熱を入れる。

プロセス動画

 まるめる
プレーンの作り方

作り方

材料を混ぜる ▶ 一次発酵	分割	15 min

休ませる

1 ▶ 6

生地作りから一次発酵まで「ねじねじ食パン」を参考に作る (p.66)

1 ボウルに**B**の材料を入れ、ゴムベラで混ぜ合わせる。プラ密閉容器に**A**の材料を入れ、泡立て器で混ぜ合わせる。

2 **B**のボウルに**A**を加え、ゴムベラで粉気がなくなるまで混ぜたら、ラップをして10分休ませる。

3 指先を軽く濡らし、生地に2周パンチを入れたら、ラップをして10分休ませる。

4 生地に2周パンチを入れる (2回目)。生地の折り目を下にしてプラ密閉容器に移し、底全体に均等に伸ばす。

5 プラ密閉容器に蓋をして室温で発酵させる (一次発酵)。生地が2倍の大きさになったら発酵完了。

6 生地の表面と作業台に打ち粉 (分量外)をし、プラ密閉容器の四辺に沿わせてカードを差し込んで、生地と容器の間にすき間を作る。プラ密閉容器を逆さにし、生地をゆっくりと作業台に落とす。

7

生地をカードで5等分にする (生地の重さはできるだけ揃える)。

それぞれの生地を手のひらにのせ、生地の切り口を内側に入れ込むようにしながらまるめる。

生地の重さはなるべく揃える

Part1・2とは違い、Part4では、生地の重さが揃うように分割をします。分割後の生地の大きさにばらつきがあると、発酵の見極めや、焼成時の火通りに影響が出ることがあります。ひとつひとつ重さを確認し、なるべく均等にしましょう。

8

裏のとじ目をつまみ、とじ目を下にして置いたら、濡れ布巾をかぶせて15分休ませる。

生地の表面を意識して

成形は、発酵後の生地の表面だった部分が、常に表に出ているように作業するときれいに仕上がります。容器から生地を取り出す際や、分割の際に、生地の表裏を常に意識しましょう。また、生地がベタつくときは適宜打ち粉をしましょう。

\ ここでオーブン予熱 /

| ガス抜き・成形 | **60 min**
二次発酵 | クープを入れて焼く |

9

それぞれの生地を軽くつぶし（ガス抜き）、再びまるめ直す。

10

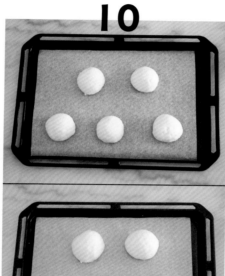

とじ目を下にして準備した天板に並べる。濡れ布巾をかぶせ、室温で発酵させる（二次発酵）。生地がひとまわり大きくなったら発酵完了。

11

茶こしで打ち粉（分量外）を生地の表面に軽くふり、クープ（切り込み）を1本入れる。切り込みにバターをのせ、230℃のオーブンで13分前後焼く。焼き上がったらケーキクーラーに移し、粗熱をとる。

まるめるときはほどほどに

分割後や成形の際に生地をまるめる作業がありますが、どちらのときも、きつくまるめすぎると生地にとってはダメージになってしまいます。ほどよくまるまったところでストップするようにしましょう。

レーズンシュガー

Time table ▶

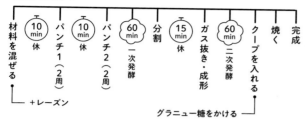

材料を混ぜる → 10min休 → パンチ1（2周）→ 10min休 → パンチ2（2周）→ 60min 一次発酵 → 分割 → 15min休 → ガス抜き・成形 → 60min 二次発酵 → クープを入れる → 焼く → 完成

+レーズン

グラニュー糖をかける

材料（直径8cmのパン5個分）

A
準強力粉（リスドォル）……150g
インスタントドライイースト……1.5g

B
水……110g
溶かしバター（無塩）……15g
はちみつ……15g
塩……3g

レーズン（ドライ）……80g
バター（無塩・クープ用）……適量
グラニュー糖……各小さじ1/4

準備

・レーズンは湯通しし、ペーパーで包んで水気をふきとる。

・バターは5本細長くカットし、ラップに包んで冷凍庫で冷やしておく。

・水は25～30℃くらいに温める。

・天板にベーキングシートを敷く。

・焼成までにオーブンに予熱を入れる。

作り方

1 ボウルに**B**の材料を入れ、ゴムベラで混ぜ合わせる。プラ密閉容器に**A**の材料を入れ、泡立て器で混ぜ合わせる。

2 **B**のボウルに**A**、準備したレーズンを加え、ゴムベラで粉気がなくなるまで混ぜたら、ラップをして10分休ませる。

3 指先を軽く濡らし、生地に2周パンチを入れたら、ラップをして10分休ませる。

4 生地に2周パンチを入れる（2回目）。生地の折り目を下にしてプラ密閉容器に移し、底全体に均等に伸ばす。

5 プラ密閉容器に蓋をして室温で発酵させる（一次発酵）。生地が2倍の大きさになったら発酵完了。

6 生地の表面と作業台に打ち粉（分量外）をし、プラ密閉容器の四辺にカードを差し込んですき間を作る。プラ密閉容器を逆さにし、生地をゆっくりと作業台に落とす。

7 生地をカードで5等分にする。それぞれの生地は、切り口を内側に入れ込むようにしながらまるめ、とじ目をつまむ。とじ目を下にして置き、濡れ布巾をかぶせて15分休ませる。

8 それぞれの生地を軽くつぶし（ガス抜き）、再びまるめ直す［**a**］。とじ目を下にして準備した天板に並べる。

9 **8**に濡れ布巾をかぶせ、室温で発酵させる（二次発酵）。生地がひとまわり大きくなったら発酵完了。

10 **9**に茶こしで打ち粉（分量外）をふり、クープを1本入れる。切り込みにバター（クープ用）をのせ、グラニュー糖をふりかけ、230℃のオーブンで13分前後焼く。焼き上がったらケーキクーラーに移し、粗熱をとる。

＊具が生地の外に出ていると焦げやすいので、まるめるときは具が生地から出ないようにしましょう。

コーンチーズ

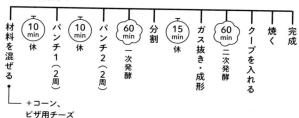

Time table ▶

材料を混ぜる → 10 min 休 → パンチ1(2周) → 10 min 休 → パンチ2(2周) → 60 min 一次発酵 → 分割 → 15 min 休 → ガス抜き・成形 → 60 min 二次発酵 → クープを入れる → 焼く → 完成

＋コーン、ピザ用チーズ

材料（直径8cmのパン5個分）

A 準強力粉（リスドォル）……150g
　インスタントドライイースト……1.5g

B 水……110g
　オリーブオイル……15g
　はちみつ…10g
　塩……3g

　コーン（缶）……75g
　ピザ用チーズ……60g
　オリーブオイル（クープ用）……適量

準備

・コーン（缶）はザルにあげ、ペーパーで包んで
　水気をふきとる。

・天板にベーキングシートを敷く。

・焼成までにオーブンに予熱を入れる。

作り方

1 ボウルに**B**の材料を入れ、ゴムベラで混ぜ合わせる。プラ密閉容器に**A**の材料を入れ、泡立て器で混ぜ合わせる。

2 **B**のボウルに**A**、準備したコーン、ピザ用チーズを加え、ゴムベラで粉気がなくなるまで混ぜたら、ラップをして10分休ませる。

3 指先を軽く濡らし、生地に2周パンチを入れたら、ラップをして10分休ませる。

4 生地に2周パンチを入れる（2回目）。生地の折り目を下にしてプラ密閉容器に移し、底全体に均等に伸ばす。

5 プラ密閉容器に蓋をして室温で発酵させる（一次発酵）。生地が2倍の大きさになったら発酵完了。

6 生地の表面と作業台に打ち粉（分量外）をし、プラ密閉容器の四辺にカードを差し込んですき間を作る。プラ密閉容器を逆さにし、生地をゆっくりと作業台に落とす。

7 生地をカードで5等分にする。それぞれの生地は、切り口を内側に入れ込むようにしながらまるめ、とじ目をつまむ。とじ目を下にして置き、濡れ布巾をかぶせて15分休ませる。

8 それぞれの生地を軽くつぶし（ガス抜き）、再びまるめ直す。とじ目を下にして準備した天板に並べる。

9 **8**に濡れ布巾をかぶせ、室温で発酵させる（二次発酵）。生地がひとまわり大きくなったら発酵完了。

10 **9**に茶こしで打ち粉（分量外）をふり、クープを1本入れる。切り込みにスプーンでオリーブオイルを流し、230℃のオーブンで13分前後焼く。焼き上がったらケーキクーラーに移し、粗熱をとる。

オレンジとチョコレート

Time table ▶

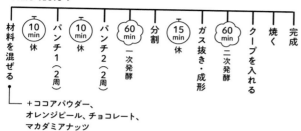

材料を混ぜる → 10min 休 → パンチ1（2周）→ 10min 休 → パンチ2（2周）→ 60min 一次発酵 → 分割 → 15min 休 → ガス抜き・成形 → 60min 二次発酵 → クープを入れる → 焼く → 完成

└ ＋ココアパウダー、オレンジピール、チョコレート、マカダミアナッツ

材料（直径8cmのパン5個分）

A
準強力粉（リスドォル）……150g
インスタントドライイースト……1.5g
ココアパウダー……8g

B
水……115g
溶かしバター（無塩）……15g
はちみつ…15g
塩……3g

オレンジピール……40g
チョコレート……40g
マカダミアナッツ……40g
バター（無塩・クープ用）……適量

準備

・チョコレートは粗く刻む。
・マカダミアナッツは180℃に予熱したオーブンで4〜5分ローストし、4等分に切る。
・バターは5本細長くカットし、ラップに包んで冷凍庫で冷やしておく。
・水は25〜30℃くらいに温める。
・天板にベーキングシートを敷く。
・焼成までにオーブンに予熱を入れる。

作り方

1 ボウルに**B**の材料を入れ、ゴムベラで混ぜ合わせる。プラ密閉容器に**A**の材料を入れ、泡立て器で混ぜ合わせる。

2 **B**のボウルに**A**、オレンジピール、準備したチョコレート、マカダミアナッツを加え、ゴムベラで粉気がなくなるまで混ぜたら、ラップをして10分休ませる。

3 指先を軽く濡らし、生地に2周パンチを入れたら、ラップをして10分休ませる。

4 生地に2周パンチを入れる（2回目）。生地の折り目を下にしてプラ密閉容器に移し、底全体に均等に伸ばす。

5 プラ密閉容器に蓋をして室温で発酵させる（一次発酵）。生地が2倍の大きさになったら発酵完了。

6 生地の表面と作業台に打ち粉（分量外）をし、プラ密閉容器の四辺にカードを差し込んですき間を作る。プラ密閉容器を逆さにし、生地をゆっくりと作業台に落とす。

7 生地をカードで5等分にする。それぞれの生地は、切り口を内側に入れ込むようにしながらまるめ、とじ目をつまむ。とじ目を下にして置き、濡れ布巾をかぶせて15分休ませる。

8 それぞれの生地を軽くつぶし（ガス抜き）、再びまるめ直す。とじ目を下にして準備した天板に並べる。

9 8に濡れ布巾をかぶせ、室温で発酵させる（二次発酵）。生地がひとまわり大きくなったら発酵完了。

10 9に茶こしで打ち粉（分量外）をふり、クープを1本入れる。切り込みに準備したバター（クープ用）をのせ、230℃のオーブンで13分前後焼く。焼き上がったらケーキクーラーに移し、粗熱をとる。

ローズマリーとドライトマト

Time table ▶

材料を混ぜる
└ +粉チーズ、ローズマリー、ドライトマト

10min 休 → パンチ1（2周）→ 10min 休 → パンチ2（2周）→ 60min 一次発酵 → 分割 → 15min 休 → ガス抜き・成形 → 60min 二次発酵 → クープを入れる → 焼く → 完成

材料（直径8cmのパン5個分）

A 準強力粉（リスドォル）……150g
インスタントドライイースト……1.5g
粉チーズ……15g
ローズマリー（ドライ）……8g

B 水……115g
オリーブオイル……15g
はちみつ……10g
塩……3g

ドライトマト……20g
オリーブオイル（クープ用）……適量

ローズマリー（ドライ）は細かく粉砕されたものを使用。

準備

・ドライトマトはぬるま湯に10分ほどつけてふやかし、水気をふきとって7〜8mm角に刻む。
・天板にベーキングシートを敷く。
・焼成までにオーブンに予熱を入れる。

作り方

1 ボウルに**B**の材料を入れ、ゴムベラで混ぜ合わせる。プラ密閉容器に**A**の材料を入れ、泡立て器で混ぜ合わせる。

2 **B**のボウルに**A**、準備したドライトマトを加え、ゴムベラで粉気がなくなるまで混ぜたら、ラップをして10分休ませる。

3 指先を軽く濡らし、生地に2周パンチを入れたら、ラップをして10分休ませる。

4 生地に2周パンチを入れる（2回目）。生地の折り目を下にしてプラ密閉容器に移し、底全体に均等に伸ばす。

5 プラ密閉容器に蓋をして室温で発酵させる（一次発酵）。生地が2倍の大きさになったら発酵完了。

6 生地の表面と作業台に打ち粉（分量外）をし、プラ密閉容器の四辺にカードを差し込んですき間を作る。プラ密閉容器を逆さにし、生地をゆっくりと作業台に落とす。

7 生地をカードで5等分にする。それぞれの生地は、切り口を内側に入れ込むようにしながらまるめ、とじ目をつまむ。とじ目を下にして置き、濡れ布巾をかぶせて15分休ませる。

8 それぞれの生地を軽くつぶし（ガス抜き）、再びまるめ直す。とじ目を下にして準備した天板に並べる。

9 8に濡れ布巾をかぶせ、室温で発酵させる（二次発酵）。生地がひとまわり大きくなったら発酵完了。

10 9に茶こしで打ち粉（分量外）をふり、クープを1本入れる。切り込みにスプーンでオリーブオイルを流し、230℃のオーブンで13分前後焼く。焼き上がったらケーキクーラーに移し、粗熱をとる。

応用2

のせる

基本の生地の上に
たっぷりの具をのせて焼き上げる
ボリューム満点のパン。
ほんのり温かいうちに
いただくのがおすすめです。

のせるの基本となるパン

コーンマヨ

Time table ▶

材料を混ぜる ─ 10 min 休ませる ─ パンチ1回目（2周）─ 10 min 休ませる ─ パンチ2回目（2周）─ 60 min 発酵 ─ 分割 ─ 15 min 休ませる ─ ガス抜き ─ 15 min 休ませる ─ 成形・具をのせる ─ 焼く ─ 完成

ねじねじ食パン（p.66）と同じ

材料（直径10cmのパン6個分）

A 準強力粉（リスドォル）……150g
インスタントドライイースト……1.5g

B 水……110g
オリーブオイル……15g
はちみつ……10g
塩……3g

C コーン（缶）……150g
ピザ用チーズ……40g
マヨネーズ……40g
黒こしょう……適量

オリーブオイル（仕上げ用）……適量

準備

・コーン（缶）はザルにあげ、ペーパーで包んで水気をふきとる。

・天板にベーキングシートを敷く。

・焼成までにオーブンに予熱を入れる。

プロセス動画

のせる
プレーンの作り方

作り方

ここで具を
混ぜる

材料を混ぜる ▶ 発酵	分割	15 min 休ませる

1 ▶ 6

生地作りから発酵まで
「ねじねじ食パン」を
参考に作る (p.66)

1 ボウルに**B**の材料を入れ、ゴムベラで混ぜ合わせる。プラ密閉容器に**A**の材料を入れ、泡立て器で混ぜ合わせる。

2 **B**のボウルに**A**を加え、ゴムベラで粉気がなくなるまで混ぜたら、ラップをして10分休ませる。

3 指先を軽く濡らし、生地に2周パンチを入れたら、ラップをして10分休ませる。

4 生地に2周パンチを入れる(2回目)。生地の折り目を下にしてプラ密閉容器に移し、底全体に均等に伸ばす。

5 プラ密閉容器に蓋をして室温で発酵させる。生地が2倍の大きさになったら発酵完了。

6 生地の表面と作業台に打ち粉(分量外)をし、プラ密閉容器の四辺に沿わせてカードを差し込んで、生地と容器の間にすき間を作る。プラ密閉容器を逆さにし、生地をゆっくりと作業台に落とす。

7

生地をカードで6等分にする(生地の重さはできるだけ揃える)。それぞれの生地を手のひらにのせ、生地の切り口を内側に入れ込むようにしながらまるめる。裏のとじ目をつまみ、とじ目を下にして置く。

8

7に濡れ布巾をかぶせて15分休ませる。その間に**C**の材料をボウルに入れ混ぜ合わせる。

\ ここでオーブン予熱 /

ガス抜き	15 min	成形・具をのせる	焼く
	休ませる		

9

それぞれの生地を軽くつぶし（ガス抜き）、直径8cmの円形に広げる。準備した天板に並べ、濡れ布巾をかぶせて15分休ませる。

10

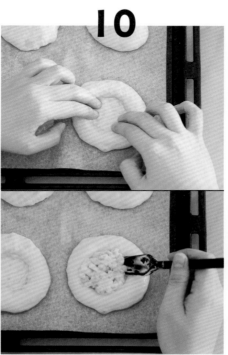

生地の表面にハケでオリーブオイル（仕上げ用）を塗り、ふちを残すように中央をくぼませ、くぼみの部分に混ぜ合わせておいたトッピングをのせる。

11

230℃のオーブンで13分前後焼く。焼き上がったらケーキクーラーに移し、粗熱をとる。

| オリーブオイルで成形しやすく
生地の表面にくぼみを作る際、適量のオリーブオイルを塗ると、成形しやすくなります。また、オイルのおかげでパリッと焼き上がる効果もあります。

ツナトマトオリーブ

Time table ▶

材料を混ぜる → 10min 休 → パンチ1（2周） → 10min 休 → パンチ2（2周） → 60min 発酵 → 分割 → 15min 休 → ガス抜き → 15min 休 → 成形・具をのせる → 焼く → 完成

ツナ、ミニトマト、ブラックオリーブをのせる

パセリをかける

材料（直径10cmのパン6個分）

A
- 準強力粉（リスドォル）……150g
- インスタントドライイースト……1.5g

B
- 水……110g
- オリーブオイル……15g
- はちみつ……10g
- 塩……3g

- ツナ（缶）……140g（2缶ほど）
- ミニトマト……3個
- ブラックオリーブ（種なし）……6粒
- オリーブオイル（仕上げ用）……適量
- パセリ（みじん切り）……適量

準備

- ・ツナ（缶）は、軽く油を切っておく。
- ・ミニトマトは十字に切って4等分し、さらに半分に切る。ブラックオリーブは横に寝かせて十字に切る。
- ・天板にベーキングシートを敷く。
- ・焼成までにオーブンに予熱を入れる。

作り方

1. ボウルに**B**の材料を入れ、ゴムベラで混ぜ合わせる。プラ密閉容器に**A**の材料を入れ、泡立て器で混ぜ合わせる。

2. **B**のボウルに**A**を加え、ゴムベラで粉気がなくなるまで混ぜたら、ラップをして10分休ませる。

3. 指先を軽く濡らし、生地に2周パンチを入れたら、ラップをして10分休ませる。

4. 生地に2周パンチを入れる（2回目）。生地の折り目を下にしてプラ密閉容器に移し、底全体に均等に伸ばす。

5. プラ密閉容器に蓋をして室温で発酵させる。生地が2倍の大きさになったら発酵完了。

6. 生地の表面と作業台に打ち粉（分量外）をし、プラ密閉容器の四辺にカードを差し込んですき間を作る。プラ密閉容器を逆さにし、生地をゆっくりと作業台に落とす。

7. 生地をカードで6等分にし、それぞれの生地をまるめたら裏のとじ目をつまみ、とじ目を下にして置く。濡れ布巾をかぶせて15分休ませる。

8. それぞれの生地を軽くつぶし（ガス抜き）、直径8cmの円形に広げる。準備した天板に並べ、濡れ布巾をかぶせて15分休ませる。

9. 生地の表面にハケでオリーブオイル（仕上げ用）を塗り、ふちを残すように中央をくぼませ、くぼみの部分に準備したツナをのせ、ミニトマト、ブラックオリーブを重ねる。

10. 9を230℃のオーブンで13分前後焼く。焼き上がったらケーキクーラーに移し、粗熱をとる。仕上げにパセリを散らす。

オレンジとクリームチーズ

Time table ▶

| 材料を混ぜる | 10 min 休 | パンチ1 (2周) | 10 min 休 | パンチ2 (2周) | 60 min 発酵 | 分割 | 15 min 休 | ガス抜き | 15 min 休 | 成形・具をのせる | 焼く | 完成 |

クリームチーズ＋粉糖、
オレンジスライス、グラニュー糖をのせる

アイシングをかける

材料(直径10cmのパン6個分)

A 準強力粉(リスドォル)……150g
インスタントドライイースト……1.5g

B 水……110g
溶かしバター(無塩)……15g
はちみつ……15g
塩……3g

C クリームチーズ……80g
粉糖……20g

オレンジスライス(シロップ漬け)……6枚
溶かしバター(無塩・仕上げ用)……適量
グラニュー糖……各小さじ1/4
アイシング……適量

皮つきの輪切りオレンジをシロップ漬けにしたものを使用。

準備

・クリームチーズは室温にもどしてやわらかくし、粉糖と混ぜ合わせる。
・オレンジスライスはペーパーでシロップの水分をふきとる。
・アイシングを作る(右記参照)。
・水は25〜30℃くらいに温める。
・天板にベーキングシートを敷く。
・焼成までにオーブンに予熱を入れる。

作り方

1 ボウルに**B**の材料を入れ、ゴムベラで混ぜ合わせる。プラ密閉容器に**A**の材料を入れ、泡立て器で混ぜ合わせる。

2 **B**のボウルに**A**を加え、ゴムベラで粉気がなくなるまで混ぜたら、ラップをして10分休ませる。

3 指先を軽く濡らし、生地に2周パンチを入れたら、ラップをして10分休ませる。

4 生地に2周パンチを入れる(2回目)。生地の折り目を下にしてプラ密閉容器に移し、底全体に均等に伸ばす。

5 プラ密閉容器に蓋をして室温で発酵させる。生地が2倍の大きさになったら発酵完了。

6 生地の表面と作業台に打ち粉(分量外)をし、プラ密閉容器の四辺にカードを差し込んですき間を作る。プラ密閉容器を逆さにし、生地をゆっくりと作業台に落とす。

7 生地をカードで6等分にし、それぞれの生地をまるめたら裏のとじ目をつまみ、とじ目を下にして置く。濡れ布巾をかぶせて15分休ませる。

8 それぞれの生地を軽くつぶし(ガス抜き)、直径8cmの円形に広げる。準備した天板に並べ、濡れ布巾をかぶせ15分休ませる。

9 生地の表面にハケで溶かしバター(仕上げ用)を塗り、ふちを残すように中央をくぼませ、くぼみの部分に準備した**C**、オレンジスライスの順にのせ、表面にグラニュー糖をかける。

10 **9**を230℃のオーブンで13分前後焼く。焼き上がったらケーキクーラーに移し、粗熱をとる。仕上げにコルネ(作り方はp.125)で準備したアイシングをかける[**a**]。

アイシングの作り方

材料
粉糖……40g
水……大さじ1/2前後

作り方
ボウルに粉糖を入れ、水を調整しながら加え、混ぜ合わせる。とろみはあるが、スプーンで流したときに積もらず広がるくらいの硬さにする。

のせるバリエ **3**

マルゲリータ

Time table ▶

材料を混ぜる → 10min 休 → パンチ1（2周） → 10min 休 → パンチ2（2周） → 60min 発酵 → 分割 → 15min 休 → ガス抜き → 15min 休 → 成形・具をのせる → 焼く → 完成

トマトソース、トマト、モッツァレラチーズをのせる

バジルをのせる

材料（直径10cmのパン6個分）

A
準強力粉（リスドォル）……150g
インスタントドライイースト……1.5g

B
水……110g
オリーブオイル……15g
はちみつ……10g
塩……3g

トマトソース（右記参照）……全量
モッツァレラチーズ……100g
トマト……1個
オリーブオイル（仕上げ用）……適量
バジル……6枚

準備

・モッツァレラチーズは6等分し、5mm厚さにスライスする。
・トマトは4等分にしてヘタをとり、5mm厚さのいちょう切りにし、6つに分けておく。
・トマトソースを作る（右記参照）。
・天板にベーキングシートを敷く。
・焼成までにオーブンに予熱を入れる。

作り方

1 ボウルに**B**の材料を入れ、ゴムベラで混ぜ合わせる。プラ密閉容器に**A**の材料を入れ、泡立て器で混ぜ合わせる。

2 **B**のボウルに**A**を加え、ゴムベラで粉気がなくなるまで混ぜたら、ラップをして10分休ませる。

3 指先を軽く濡らし、生地に2周パンチを入れたら、ラップをして10分休ませる。

4 生地に2周パンチを入れる（2回目）。生地の折り目を下にしてプラ密閉容器に移し、底全体に均等に伸ばす。

5 プラ密閉容器に蓋をして室温で発酵させる。生地が2倍の大きさになったら発酵完了。

6 生地の表面と作業台に打ち粉（分量外）をし、プラ密閉容器の四辺にカードを差し込んですき間を作る。プラ密閉容器を逆さにし、生地をゆっくりと作業台に落とす。

7 生地をカードで6等分にし、それぞれの生地をまるめたら裏のとじ目をつまみ、とじ目を下にして置く。濡れ布巾をかぶせて15分休ませる。

8 それぞれの生地を軽くつぶし（ガス抜き）、直径8cmの円形に広げる。準備した天板に並べ、濡れ布巾をかぶせ15分休ませる。

9 生地の表面にハケでオリーブオイル（仕上げ用）を塗り、ふちを残すように中央をくぼませ、くぼみの部分に準備したトマトソースの半量→トマト→モッツァレラチーズ→残りのトマトソースの順にのせる。

10 9を230℃のオーブンで13分前後焼く。焼き上がったらケーキクーラーに移し、粗熱をとる。仕上げにバジルをトッピングする。

トマトソースの作り方

材料

トマトペースト……大さじ2
オリーブオイル……小さじ2
すりおろしにんにく……少々
塩……小さじ1/4
黒こしょう……適量

作り方

ボウルにすべての材料を入れ、混ぜ合わせる。

りんごカスタード

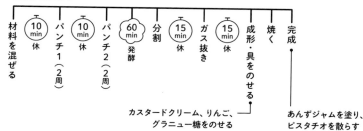

Time table ▶

材料を混ぜる → 10min 休 → パンチ1（2周）→ 10min 休 → パンチ2（2周）→ 60min 発酵 → 分割 → 15min 休 → ガス抜き → 15min 休 → 成形・具をのせる → 焼く → 完成

カスタードクリーム、りんご、グラニュー糖をのせる

あんずジャムを塗り、ピスタチオを散らす

材料（直径10cmのパン6個分）

A
準強力粉（リスドォル）……150g
インスタントドライイースト……1.5g

B
水……110g
溶かしバター（無塩）……15g
はちみつ……15g
塩……3g

りんご……1/4個
カスタードクリーム（p.122）……全量
溶かしバター（無塩・仕上げ用）……適量
グラニュー糖（仕上げ用）……各小さじ1/4
あんずジャム（仕上げ用）……20g
水（仕上げ用）……小さじ1/4前後
ピスタチオ……適量

準備

・りんごは使う直前に幅を半分にし、2〜3mm厚さの食べやすい大きさのいちょう切りにする。
・カスタードクリームを作る（p.122）
・ピスタチオはみじん切りにする。
・仕上げ用のあんずジャムと水を合わせ、湯煎にかけてゆるめる。
・水は25〜30℃くらいに温める。
・天板にベーキングシートを敷く。
・焼成までにオーブンに予熱を入れる。

作り方

1 ボウルに**B**の材料を入れ、ゴムベラで混ぜ合わせる。プラ密閉容器に**A**の材料を入れ、泡立て器で混ぜ合わせる。

2 **B**のボウルに**A**を加え、ゴムベラで粉気がなくなるまで混ぜたら、ラップをして10分休ませる。

3 指先を軽く濡らし、生地に2周パンチを入れたら、ラップをして10分休ませる。

4 生地に2周パンチを入れる（2回目）。生地の折り目を下にしてプラ密閉容器に移し、底全体に均等に伸ばす。

5 プラ密閉容器に蓋をして室温で発酵させる。生地が2倍の大きさになったら発酵完了。

6 生地の表面と作業台に打ち粉（分量外）をし、プラ密閉容器の四辺にカードを差し込んですき間を作る。プラ密閉容器を逆さにし、生地をゆっくりと作業台に落とす。

7 生地をカードで6等分にし、それぞれの生地をまるめたら裏のとじ目をつまみ、とじ目を下にして置く。濡れ布巾をかぶせて15分休ませる。

8 それぞれの生地を軽くつぶし（ガス抜き）、直径8cmの円形に広げる。準備した天板に並べ、濡れ布巾をかぶせ15分休ませる。

9 生地の表面にハケで溶かしバター（仕上げ用）を塗り、ふちを残すように中央をくぼませ、くぼみの部分に準備したカスタードクリームを広げ、りんごを重ね、グラニュー糖をかける。

10 9を230℃のオーブンで13分前後焼く。焼き上がったらケーキクーラーの上で粗熱をとる。りんごの部分にハケで準備したあんずジャムを塗り、ピスタチオを散らす。

つつむ

切り込みを入れてフィリングを見せるパターンと平焼きパターン、
2種類のつつみ方を紹介します。

つつむの基本となるパン

じゃがバタチーズ

Time table ▶

材料を混ぜる → 10 min 休ませる → パンチ1回目（2周） → 10 min 休ませる → パンチ2回目（2周） → 60 min 一次発酵 → 分割 → 15 min 休ませる → ガス抜き・つつむ → 60 min 二次発酵 → 切り込みを入れる → 焼く → 完成

ねじねじ食パン（p.66）と同じ

材料（直径8cmのパン6個分）

A | 準強力粉（リスドォル）……150g
インスタントドライイースト……1.5g

B | 水……110g
オリーブオイル……15g
はちみつ……10g
塩……3g

ピザ用チーズ……適量

準備

・マッシュポテトを作る（右記参照）。

・天板にベーキングシートを敷く。

・焼成までにオーブンに予熱を入れる。

プロセス動画

 つつむ
プレーンの作り方

マッシュポテトの作り方

a

b

材料

じゃがいも
……小2個（正味200g）

C | バター（無塩）……30g
牛乳……大さじ1
塩……小さじ1/4
黒こしょう……適量

作り方

1 じゃがいもは皮をむき、水で濡らしてひとつずつラップにつつむ。耐熱皿にのせ、電子レンジで4分加熱する。

2 1をボウルに移し、熱いうちにフォークでマッシュしてCの材料と合わせる［**a**］。
＊ほぐしにくい場合は、数十秒ずつ追加で加熱してください。

3 2にラップをかぶせて粗熱をとり、6等分にしてまるめておく［**b**］。

作り方

材料を混ぜる ▶ 一次発酵	分割	15 min 休ませる

1 ▶ 6

生地作りから一次発酵まで 「ねじねじ食パン」を 参考に作る (p.66)

1 ボウルに**B**の材料を入れ、ゴムベラで混ぜ合わせる。プラ密閉容器に**A**の材料を入れ、泡立て器で混ぜ合わせる。

2 **B**のボウルに**A**を加え、ゴムベラで粉気がなくなるまで混ぜたら、ラップをして10分休ませる。

3 指先を軽く濡らし、生地に2周パンチを入れたら、ラップをして10分休ませる。

4 生地に2周パンチを入れる（2回目）。生地の折り目を下にしてプラ密閉容器に移し、底全体に均等に伸ばす。

5 プラ密閉容器に蓋をして室温で発酵させる（一次発酵）。生地が2倍の大きさになったら発酵完了。

6 生地の表面と作業台に打ち粉（分量外）をし、プラ密閉容器の四辺に沿わせてカードを差し込んで、生地と容器の間にすき間を作る。プラ密閉容器を逆さにし、生地をゆっくりと作業台に落とす。

7

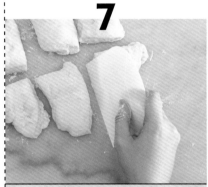

生地をカードで6等分にする（生地の重さはできるだけ揃える）。それぞれの生地をまるめ、とじ目をつまんだら、とじ目を下にして置く。濡れ布巾をかぶせて15分休ませる。

8

7の生地のとじ目を上にして軽くつぶし（ガス抜き）、直径8cmの円形に広げる。準備したマッシュポテトをのせる。

具材をつつむときは 生地を軽く引き伸ばす

生地で具材をつつむときは、生地を軽く引き伸ばしながらつつむとスムーズです。また、生地のふちに油分などがつくと、生地どうしがくっつかずうまくとじることができなくなるため気をつけましょう。

\ ここでオーブン予熱 /

ガス抜き・つつむ	60 min 二次発酵	切り込みを入れて焼く

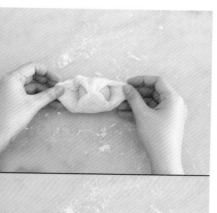

9

10

まわりの生地を伸ばしてマッシュポテトをつつみ、一点できゅっとつまんでとじたら形を整える。

とじ目を下にして準備した天板に並べ、濡れ布巾をかぶせ室温で発酵させる（二次発酵）。生地がひとまわり大きくなったら発酵完了。

生地の表面にハサミで十字に切り込みを入れ、切り込みにピザ用チーズをのせ、230℃のオーブンで15分前後焼く。焼き上がったらケーキクーラーに移し、粗熱をとる。

切り込みは中身が見えるくらいまで入れる
切り込みはハサミを立てるようにして十字に入れます。つつんだ具が見えるくらいの深さまでしっかり切り込みを入れましょう。

いちじくとクリームチーズ

Time table ▶

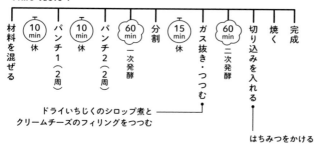

ドライいちじくのシロップ煮と
クリームチーズのフィリングをつつむ

はちみつをかける

材料（直径8cmのパン6個分）

A 準強力粉（リスドォル）……150g
　　インスタントドライイースト……1.5g

B 水……110g
　　溶かしバター（無塩）……15g
　　はちみつ……15g
　　塩……3g

　　ドライいちじくのシロップ煮（p.122）……全量
　　クリームチーズ……90g
　　はちみつ（仕上げ用）……適量

準備

・ドライいちじくのシロップ煮を作る（p.122）。
・ドライいちじくのシロップ煮とクリームチーズのフィリングを作る。
　→ドライいちじくのシロップ煮はザルにあけ、ペーパーでつつんで水気をふきとる。室温でやわらかくしたクリームチーズと混ぜ、冷蔵庫で冷やす。冷えたら6等分し、まるめておく。
・水は25〜30℃くらいに温める。
・天板にベーキングシートを敷く。
・焼成までにオーブンに予熱を入れる。

作り方

1 ボウルに**B**の材料を入れ、ゴムベラで混ぜ合わせる。プラ密閉容器に**A**の材料を入れ、泡立て器で混ぜ合わせる。

2 **B**のボウルに**A**を加え、ゴムベラで粉気がなくなるまで混ぜたら、ラップをして10分休ませる。

3 指先を軽く濡らし、生地に2周パンチを入れたら、ラップをして10分休ませる。

4 生地に2周パンチを入れる（2回目）。生地の折り目を下にしてプラ密閉容器に移し、底全体に均等に伸ばす。

5 プラ密閉容器に蓋をして室温で発酵させる（一次発酵）。生地が2倍の大きさになったら発酵完了。

6 生地の表面と作業台に打ち粉（分量外）をし、プラ密閉容器の四辺にカードを差し込んですき間を作る。プラ密閉容器を逆さにし、生地をゆっくりと作業台に落とす。

7 生地をカードで6等分にし、それぞれの生地をまるめたら裏のとじ目をつまみ、とじ目を下にして置く。濡れ布巾をかぶせて15分休ませる。

8 7の生地のとじ目を上にして軽くつぶし（ガス抜き）、直径8cmの円形に広げる。準備したドライいちじくのシロップ煮とクリームチーズのフィリングをのせ、まわりの生地を伸ばしてつつみ、一点できゅっとつまんでとじたら形を整える。

9 とじ目を下にして準備した天板に並べ、濡れ布巾をかぶせて室温で発酵させる（二次発酵）。生地がひとまわり大きくなったら発酵完了。

10 生地の表面にハサミで十字に切り込みを入れ、切り込みにはちみつ（仕上げ用）をかけ、230℃のオーブンで15分前後焼く。焼き上がったらケーキクーラーに移し、粗熱をとる。

ミートソース

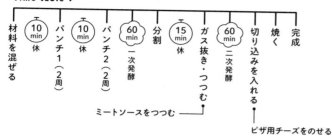

Time table ▶

材料を混ぜる → 10 min 休 → パンチ1（2周）→ 10 min 休 → パンチ2（2周）→ 60 min 一次発酵 → 分割 → 15 min 休 → ガス抜き・つつむ → 60 min 二次発酵 → 切り込みを入れる → 焼く → 完成

ミートソースをつつむ ──┘

ピザ用チーズをのせる

材料（直径8cmのパン6個分）

A 準強力粉（リスドォル）……150g
インスタントドライイースト……1.5g

B 水……110g
オリーブオイル……15g
はちみつ……10g
塩……3g

ミートソース（p.122）……全量
ピザ用チーズ……適量

準備

・ミートソースを作る（p.122）。
・天板にベーキングシートを敷く。
・焼成までにオーブンに予熱を入れる。

作り方

1 ボウルに**B**の材料を入れ、ゴムベラで混ぜ合わせる。プラ密閉容器に**A**の材料を入れ、泡立て器で混ぜ合わせる。

2 **B**のボウルに**A**を加え、ゴムベラで粉気がなくなるまで混ぜたら、ラップをして10分休ませる。

3 指先を軽く濡らし、生地に2周パンチを入れたら、ラップをして10分休ませる。

4 生地に2周パンチを入れる（2回目）。生地の折り目を下にしてプラ密閉容器に移し、底全体に均等に伸ばす。

5 プラ密閉容器に蓋をして室温で発酵させる（一次発酵）。生地が2倍の大きさになったら発酵完了。

6 生地の表面と作業台に打ち粉（分量外）をし、プラ密閉容器の四辺にカードを差し込んですき間を作る。プラ密閉容器を逆さにし、生地をゆっくりと作業台に落とす。

7 生地をカードで6等分にし、それぞれの生地をまるめたら裏のとじ目をつまみ、とじ目を下にして置く。濡れ布巾をかぶせて15分休ませる。

8 7の生地のとじ目を上にして軽くつぶし（ガス抜き）、直径8cmの円形に広げる。準備したミートソースをのせ、まわりの生地を伸ばしてつつみ、一点できゅっとつまんでとじたら形を整える。

9 とじ目を下にして準備した天板に並べ、濡れ布巾をかぶせて室温で発酵させる（二次発酵）。生地がひとまわり大きくなったら発酵完了。

10 生地の表面にハサミで十字に切り込みを入れ、切り込みにピザ用チーズをのせ、230℃のオーブンで15分前後焼く。焼き上がったらケーキクーラーに移し、粗熱をとる。

つつむバリエ **3**

フランスあんぱん

Time table ▶

材料を混ぜる → 10 min 休 → パンチ1（2周） → 10 min 休 → パンチ2（2周） → 60 min 一次発酵 → 分割 → 15 min 休 → ガス抜き・つつむ → 60 min 二次発酵 → ベーキングシート・天板を重ねる → 焼く → 完成

あんこをつつむ
黒ごまをトッピング

材料（直径9cmのパン6個分）

A ｜ 準強力粉（リスドォル）……150g
｜ インスタントドライイースト……1.5g

B ｜ 水……110g
｜ 溶かしバター（無塩）……15g
｜ はちみつ……15g
｜ 塩……3g

あんこ……300g
黒ごま……適量

準備

・あんこはペーパーで包み、やさしく揉むようにして水分をとり、6等分してまるめる。
・水は25〜30℃くらいに温める。
・天板にベーキングシートを敷く。
・焼成までにオーブンに予熱を入れる。

作り方

1 ボウルに**B**の材料を入れ、ゴムベラで混ぜ合わせる。プラ密閉容器に**A**の材料を入れ、泡立て器で混ぜ合わせる。

2 **B**のボウルに**A**を加え、ゴムベラで粉気がなくなるまで混ぜたら、ラップをして10分休ませる。

3 指先を軽く濡らし、生地に2周パンチを入れたら、ラップをして10分休ませる。

4 生地に2周パンチを入れる（2回目）。生地の折り目を下にしてプラ密閉容器に移し、底全体に均等に伸ばす。

5 プラ密閉容器に蓋をして室温で発酵させる（一次発酵）。生地が2倍の大きさになったら発酵完了。

6 生地の表面と作業台に打ち粉（分量外）をし、プラ密閉容器の四辺にカードを差し込んですき間を作る。プラ密閉容器を逆さにし、生地をゆっくりと作業台に落とす。

7 生地をカードで6等分にし、それぞれの生地をまるめたら裏のとじ目をつまみ、とじ目を下にして置く。濡れ布巾をかぶせて15分休ませる。

8 7の生地のとじ目を上にして軽くつぶし（ガス抜き）、直径8cmの円形に広げる。準備したあんこをのせ、まわりの生地を伸ばしてつつみ、一点できゅっとつまんでとじたら形を整える。

9 とじ目を下にして準備した天板に並べ、上から軽く押さえて平らにならす。濡れ布巾をかぶせて室温で発酵させる（二次発酵）。生地がひとまわり大きくなったら発酵完了。

10 生地の表面に黒ごまをトッピングし、ベーキングシートと天板を重ね[**a**]、230℃のオーブンで15分前後焼く。焼き上がったらケーキクーラーに移し、粗熱をとる。

つつむバリエ**4**

くるみカマンベール

Time table ▶

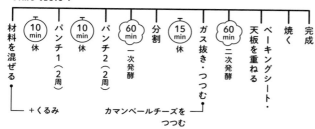

材料を混ぜる → 10 min 休 → パンチ1（2周）→ 10 min 休 → パンチ2（2周）→ 60 min 一次発酵 → 分割 → 15 min 休 → ガス抜き・つつむ → 60 min 二次発酵 → 天板を重ねる → ベーキングシート・天板を重ねる → 焼く → 完成

＋くるみ　　　　　カマンベールチーズをつつむ

材料（直径9cmのパン6個分）

A 準強力粉（リスドォル）……150g
インスタントドライイースト……1.5g

B 水……120g
溶かしバター（無塩）……15g
はちみつ……10g
塩……3g

くるみ……45g
カマンベールチーズ……100g

準備

・くるみは180℃に予熱したオーブンで4〜5分ローストし、手で食べやすい大きさに割る。

・カマンベールチーズは、つつみやすい大きさに切り、6等分する。
＊6Pのカマンベールチーズ（三角形）を半分に切り、互い違いにすると四角になりつつみやすくなります。

・水は25〜30℃くらいに温める。

・天板にベーキングシートを敷く。

・焼成までにオーブンに予熱を入れる。

作り方

1 ボウルに**B**の材料を入れ、ゴムベラで混ぜ合わせる。プラ密閉容器に**A**の材料を入れ、泡立て器で混ぜ合わせる。

2 **B**のボウルに**A**、準備したくるみを加え、ゴムベラで粉気がなくなるまで混ぜたら、ラップをして10分休ませる。

3 指先を軽く濡らし、生地に2周パンチを入れたら、ラップをして10分休ませる。

4 生地に2周パンチを入れる（2回目）。生地の折り目を下にしてプラ密閉容器に移し、底全体に均等に伸ばす。

5 プラ密閉容器に蓋をして室温で発酵させる（一次発酵）。生地が2倍の大きさになったら発酵完了。

6 生地の表面と作業台に打ち粉（分量外）をし、プラ密閉容器の四辺にカードを差し込んですき間を作る。プラ密閉容器を逆さにし、生地をゆっくりと作業台に落とす。

7 生地をカードで6等分にし、それぞれの生地をまるめたら裏のとじ目をつまみ、とじ目を下にして置く。濡れ布巾をかぶせて15分休ませる。

8 7の生地のとじ目を上にして軽くつぶし（ガス抜き）、直径8cmの円形に広げる。準備したカマンベールチーズをのせ、まわりの生地を伸ばしてつつみ、一点できゅっとつまんでとじたら形を整える。

9 とじ目を下にして準備した天板に並べ、上から軽く押さえて平らにならす。濡れ布巾をかぶせて室温で発酵させる（二次発酵）。生地がひとまわり大きくなったら発酵完了。

10 9の上にベーキングシートと天板を重ね、230℃のオーブンで15分前後焼く。焼き上がったらケーキクーラーに移し、粗熱をとる。

フィリングの作り方

Part4で出てきたフィリング3種の作り方を紹介します。
市販のものを使ってもいいのですが、
基本の作り方を知っておけば、
自分好みの味にアレンジできますよ。

ミートソース

ドライいちじくのシロップ煮

カスタードクリーム

カスタードクリームの作り方

材料
卵黄……1個分
グラニュー糖……30g
薄力粉(バイオレット)……10g
牛乳……100g
バター(無塩)……10g
バニラオイル……適量

作り方
1 耐熱ボウルに卵黄を溶きほぐし、グラニュー糖を加えて白っぽくなるまでホイッパーで混ぜる。薄力粉をふるい入れ、さらに混ぜる。

2 別の耐熱ボウルに牛乳を入れ、ふんわりラップをして電子レンジで1分加熱する。

3 2が熱いうちに、1のボウルに少しずつ加え、つどホイッパーで混ぜる。

4 3のボウルにふんわりラップをし、電子レンジで1分加熱し、ホイッパーでよく混ぜる。これをさらに2回くり返し(合計3回加熱)、クリーム状にする[a]。
＊蒸気で火傷をしないよう、必ず軍手などをして作業してください。
＊吹きこぼれないよう、大きめのボウルを使用してください。

5 4が温かいうちにバターを加えて、余熱で溶かしながら混ぜる。バニラオイルを加えて混ぜ、バットに移して平らにならす[b]。空気が入らないようぴったりラップをし[c]、保冷剤をのせて急冷する[d]。

6 5がしっかり冷えたらスプーンで6等分にしておく[e]。

ドライいちじくのシロップ煮の作り方

材料
ドライいちじく……80g
グラニュー糖……50g
水……100g

準備
・ドライいちじくは4〜6等分の食べやすい大きさに切る。

作り方
1 耐熱ボウルにグラニュー糖と水を入れ、混ぜ合わせる。準備したドライいちじくを加え、ラップをせずに電子レンジで3分加熱する。
＊吹きこぼれないよう、大きめのボウルを使用してください。

2 粗熱をとりながら、いちじくにシロップをなじませる。

ミートソースの作り方

材料
合いびき肉……120g
玉ねぎ……60g
にんにく……ひとかけ
塩……小さじ1/3
ナツメグパウダー……小さじ1/3
黒こしょう……適量
トマトジュース……100g
オリーブオイル……適量

準備
・玉ねぎ、にんにくはみじん切りにする。

作り方
1 フライパンににんにく、オリーブオイルを入れ、弱火で熱する。

2 にんにくの香りが立ってきたら、玉ねぎを加え、透き通ってくるまで中火で炒める。

3 2に合いびき肉、塩、ナツメグパウダー、黒こしょうを加え、ひき肉の色が変わるまで炒める。

4 3にトマトジュースを加え、汁気がほとんどなくなるまで煮詰める。

5 4をバットに移し、平らにならしてラップをせずに水分を飛ばしながら粗熱をとる。

6 しっかり冷めたらラップをし、冷蔵庫でよく冷やす。

7 冷えたらスプーンなどで6等分にする。

Q & A

作り方の疑問、焼いたパンについての疑問などをまとめました。

はちみつはほかの甘味料に変更しても大丈夫?

今回のレシピにおいては、はちみつを使うことでしっとりと仕上がり、焼き色もちょうどよくつけることができます。グラニュー糖や上白糖に置き換えても作ることはできますが、生地の状態や風味、焼き色などが多少変わると思います。パン作りがはじめての方は、まずはレシピ通りに作っていただけると失敗がないかと思います。慣れてきたらいろいろ試してみるのも楽しいですね。

生地に混ぜる具に向いていないものは?

水分量が多い生のフルーツや野菜はおすすめしません。ペースト状のものも、塗り広げるときに生地がつぶれてガスが抜けてしまうので、今回のパンとは相性がよくないでしょう。基本的にはドライフルーツやナッツ類を使うのがおすすめです。火通りが悪いじゃがいもなどは、あらかじめ加熱した状態で使うといいでしょう。また、生地にフレーバーをつける場合(ココアやきな粉を混ぜ込むなど)は、通常より水分量を増やす必要があるので、プレーン生地の質感を確認し、それと足並みを揃えるように水分量を調整してみてください。

Part2の「ねじねじパン」は準強力粉だけでも作れる?

もちろん作れます。Part1やPart3、4のパンに全粒粉を配合してもいいでしょう。ただ、各章ともそれぞれの生地と相性がよいものを考慮してバリエーションのラインナップを組んでいるので、参考にしていただけたらうれしいです。

一次発酵は四角い容器でないとダメ?

Part1〜3は四角い容器で発酵することをおすすめします。まるいボウルで発酵させると、生地を出したときに円形に広がり、四角にするときに生地に負荷がかかってガスが抜けやすくなります。その点、四角い容器なら生地を出したときから四角いので成形がスムーズ。また、生地を平らにならして発酵させることで大きさの変化がわかりやすいという利点もあります。Part4では生地を四角く成形しないので、ボウルでも問題ありません。

パン生地はどこで成形する?

私の場合は、ペストリーボードと呼ばれるこね台を置いて、その上で作業をしています。キッチンの作業台が凹凸のないステンレスや大理石で、その上に直接生地を置いて作業できるようであれば、そこで作っても問題ないでしょう。ペストリーボードは作業中に動くことがあるので、100円ショップのお店などでも購入できる滑り止めシートを下に敷くのがおすすめです。

発酵が進まない。どうしたらいい?

生地に入れた水の温度が冷たすぎたり、真冬の寒い部屋に生地を置いたりした場合、発酵が極端に遅くなることがあります。レシピ通りに配合したのに発酵が進まないときは、少し暖かい場所に生地を置いてみてください。イーストの入れ忘れだった…! ということがないよう、計量のチェックはしっかり行ってくださいね。

クープを入れると生地がしぼんだ!?

クープナイフを生地に押しつけてしまったり、ナイフを入れる際に生地を押さえる手に力が入ってしまったりして、生地中のガスが抜けてしまうというのがいちばんよくある原因です。クープナイフは下へ力を入れて切るのではなく、表面にスッと傷をつけるように引いて切るのがコツです。でも、多少生地がしぼんでも、焼けばある程度ふくらんでくれますよ。

生焼けが心配。
ちゃんと焼けている?

基本的にパンの表面、底面にしっかり焼き色がついていれば大丈夫です。焼きたての熱い状態でカットしてしまうと、まだ水分が抜けきっておらず、断面がねちょっとした状態になるので、しっかりと冷めてからカットするようにしましょう。

時間通りに焼いたら
焦げてしまう

焼き上がりの数分前に一度焼き色を確認し、時間を調整してみてください(オーブンを開けると庫内が一気に冷めるので、開けて確認する場合は手早く行いましょう!)。また、焼き色を均一にするには、焼成中に一度天板を反転するのも大切なポイントです。焼きムラがついてきたタイミングで、一度天板の前後を変えてみてください。タイミングがわからない場合は、焼き時間の2/3くらいが過ぎたあたりを目安にしてみてください。

アイシングを
きれいにかけるには?

ベーキングシートでコルネを作り、その中にアイシングを入れて絞るといいでしょう。

コルネの作り方

1 長方形のベーキングシートを対角線で切って三角形にする。

2 いちばん長い辺の中心を頂点にし、頂点がとがるように左右の角を内側に巻く。

3 円すい状にまるめたら、大きく開いているほうのシートを内側に折り込み固定する。使用するときは、とがらせた先端を少しハサミで切る。

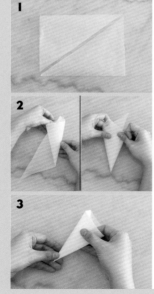

焼いたパンの賞味期限は?

基本的には翌日中です。ただ、カスタードクリームやミートソースなど、水分の多いトッピングがあるパンについては、当日中、なるべく早くお召し上がりください。

数日経つとパンの味が
落ちるのはなぜ?

パンは焼き上がったタイミングから、水分がどんどん抜けて乾燥していく「老化」が進みます。食べごろである「焼きたての冷めたて」(p.13)を過ぎたら、少しずつ硬くなってきてしまうので、すぐに食べきれない分は冷凍保存するのがおすすめです。

パンの保存方法は?

パンが完全に冷めたら、ひとつずつラップに包み、密閉できる保存袋に入れて封をしておくのがおすすめです。このとき、ほんのり温かいうちにラップで包んでしまうと、中に水分がこもってしまうので、しっかり冷ましましょう。翌日中までに食べきれないとわかっている分は、食べやすい大きさにカットして、ひとつずつラップをし、保存袋に入れて冷凍しましょう。冷凍保存したものは、1週間くらいを目安に食べきるのがおすすめです。

前日に作ったパンを
おいしく食べる方法は?

パンを食べやすいサイズにカットし、トースターで軽く温めるのがおすすめ。外側はパリッと、中はしっとりの食感が戻ってきます。冷凍しておいたパンの場合は、自然解凍もしくは電子レンジで数十秒加熱して解凍してから、トースターで温め直してください。

甘系？塩系？
食べたい気分で選ぶindex

藤井玲子
料理研究家・フードコーディネーター

1987年、埼玉県生まれ。
会社員時代に通い始めた料理教室で手作りの楽しさを知り、
大手料理教室に入社。6年間で多数のレッスンを担当する。
その後、アシスタントを経て2019年より本格的に料理研究
家として活動を開始し、2020年にレシピサイト「れこれし
ぴ」を開設。
「作りたくなる！わくわくレシピ」をテーマに、パン、お菓子、
家庭料理のレシピを提案。写真・動画つきの初心者でも楽し
めるレシピが人気を集める。
企業へのレシピ提供や、イベント登壇、オンラインレッスン
の開催など幅広く活動中。

HP	https://rekoneko.com/
Instagram	@rekoneko
YouTube	youtube.com/@rekoneko015

——————

制作スタッフ

デザイン
中村 妙

撮影
中垣美沙、藤井玲子

スタイリング
ダンノマリコ

編集制作
高島直子

編集長
山口康夫

企画編集
見上 愛

調理アシスタント
奥田麻鈴、清水直子、永田絹佳

撮影協力
UTUWA
TEL 03-6447-0070

材料協力
富澤商店
https://tomiz.com/
TEL 0570-001919

切りっぱなし＆ねじねじで絶品
ゆるっと本格パン

2023年3月21日 初版第1刷発行

著者
藤井玲子

発行人
山口康夫

発行
株式会社エムディエヌコーポレーション
〒101-0051 東京都千代田区神田神保町一丁目105番地
https://books.MdN.co.jp/

発売
株式会社インプレス
〒101-0051 東京都千代田区神田神保町一丁目105番地

印刷・製本
図書印刷株式会社

Printed in Japan

カスタマーセンター
造本には万全を期しておりますが、万一、落丁・乱丁などがございましたら、送料小
社負担にてお取り替えいたします。お手数ですが、カスタマーセンターまでご返送く
ださい。

◎ 落丁・乱丁本などのご返送先
〒101-0051 東京都千代田区神田神保町一丁目105番地
株式会社エムディエヌコーポレーション カスタマーセンター
TEL 03-4334-2915

◎ 内容に関するお問い合わせ先
info@MdN.co.jp

◎ 書店・販売店のご注文受付
株式会社インプレス 受注センター
TEL 048-449-8040／FAX 048-449-8041

ISBN978-4-295-20469-5
C2077